U0132612

圓明園舊影

劉陽 著

圓明園舊影

作　　者　劉　陽

責任編輯　徐昕宇

裝幀設計　涂　慧

出　　版　商務印書館（香港）有限公司

　　　　　香港筲箕灣耀興道 3 號東滙廣場 8 樓

　　　　　http://www.commercialpress.com.hk

發　　行　香港聯合書刊物流有限公司

　　　　　香港新界荃灣德士古道 220-248 號荃灣工業中心 16 樓

印　　刷　中華商務彩色印刷有限公司

　　　　　香港新界大埔汀麗路 36 號中華商務印刷大廈

版　　次　2021 年 5 月第 1 版第 2 次印刷

　　　　　© 2020 商務印書館（香港）有限公司

　　　　　ISBN 978 962 07 5869 0

　　　　　Printed in Hong Kong

版權所有　不得翻印

圓明三園

　　圓明園位於北京西郊，坐落在海淀掛甲屯以北，南距暢春園里許。由圓明園、長春園、綺春園（後改萬春園）組成，統稱圓明園。圓明三園中，圓明園居西，長春園居東，綺春園居於南側，三園緊相毗連，平面呈倒“品”字形。東西通寬 2620 米，南北最長處為 1880 米，外周長 1.1 萬米，佔地面積 350 公頃（350 萬平方米）。建築面積 16 萬平方米，與紫禁城的建築面積相當。

　　圓明三園中最早建成的是圓明園，它始建於清康熙中期，當時只是康熙皇帝賞給皇四子胤禛的一處花園，有御賜“圓明園”匾額，康熙四十六年（1707）才初具規模，面積不過 20 公頃。胤禛即位後，自雍正三年（1725）起，不斷興建、擴充，圓明園逐漸成為面積達到 200 餘公頃的離宮型皇家園林。到乾隆九年（1744）最終形成著名的“圓明園四十景”。

　　在圓明園大體竣工之後，乾隆皇帝繼續大興土木，先於乾隆十年至十六年（1745−1751）建成長春園，後於乾隆三十五年（1770）將傅恒父子舊園併入，定名綺春園。此時，便連同圓明園在內形成了“圓明三園”。因為長春園和綺春園為圓明園的附園，所以將圓明園做為三園的總稱。不過需要說明的是，這個“圓明三園”是道光朝之後的叫法，在乾隆朝，圓明園、長春園、綺春園加上有陸路相通的熙春園和春熙院，統稱“圓明五園”，總佔地面積超過 450 公頃，宮牆長約 1.5 萬米，同屬圓明園總管大臣管轄。直到嘉慶七年（1802）和道光二年（1822），嘉慶、道光二帝先後將春熙院和熙春園賜與固倫莊靜公主和惇親王綿愷，“五園”才縮減為“三園”。而嘉、道二帝將春熙院和熙春園賜給宗親，其實也是為了集中財力對圓明園、長春園、綺春園加以修繕添建。

　　從雍正三年（1725）到咸豐十年（1860），圓明園歷經雍正、乾隆、嘉慶、道光、咸豐五代皇帝 135 年的苦心經營，終於建成了一座人間仙境。園中知名景群一百多處，不僅移植江南和北方眾多名園勝景，還將西洋建築很好地融入東方園林之中，乾隆皇帝稱之為“實天寶地靈之區，帝王豫遊之地，無以踰此。”其盛名甚至傳到了歐洲，被譽為“萬園之園”和“東方凡爾賽宮”。法國大文豪雨果對圓明園曾有這樣的評價：“你只管去想象，那是一座令人心馳神往的，如同月光城堡一樣的建築。是一個令人歎為觀止的無與倫比的傑作。”人們常說：“希臘有帕特農神殿，埃及有金字塔，羅馬有鬥獸場，東方有夏宮（圓明園）。”

△ 1950 年代初空拍的圓明三園。此時的圓明三園格局還基本完好，包括九州清晏、福海、含經堂、西洋樓在
　內的很多景區輪廓還很清晰。在隨後的時間裏，大多數景區都遭到了不同程度的破壞。

△ 1950 年代初空拍的圓明園。周邊的清華大學、北京大學及海淀鎮清晰可辨。

△ 1950 年代初空拍的圓明園及其北部村落。今日北京繁華的 "上地開發區" 當時還只是很普通的農村。

△ 1950年代初頤和園、玉泉山、青龍橋一帶的空拍。當時頤和園與玉泉山之間的北玉河還有水。

△ 圓明園界碑

目錄

第三章　西洋樓

圓明園

　　圓明園始建於康熙中期，起初是康熙皇帝賞給皇四子胤禛的一處花園，並御賜"圓明園"匾額，其面積不過 20 公頃，在康熙四十六年（1707）已經初具規模。據《康熙實錄》記載：康熙四十六年十一月十一日，康熙皇帝首次來園進宴，這也是對圓明園最早的文字記載。

　　雍正皇帝（胤禛）即位後，經常在園中居住、理政，圓明園地位日漸重要，逐漸成為離宮型皇家園林。自雍正三年（1725）起，先是在圓明園南部建起宮廷式的殿宇，此後，又向北、西、東三面大加擴充，使之成為面積達到 200 餘公頃的大型宮苑。乾隆年間，又進一步加以營建，到乾隆九年（1744）最終形成著名的"圓明園四十景"。

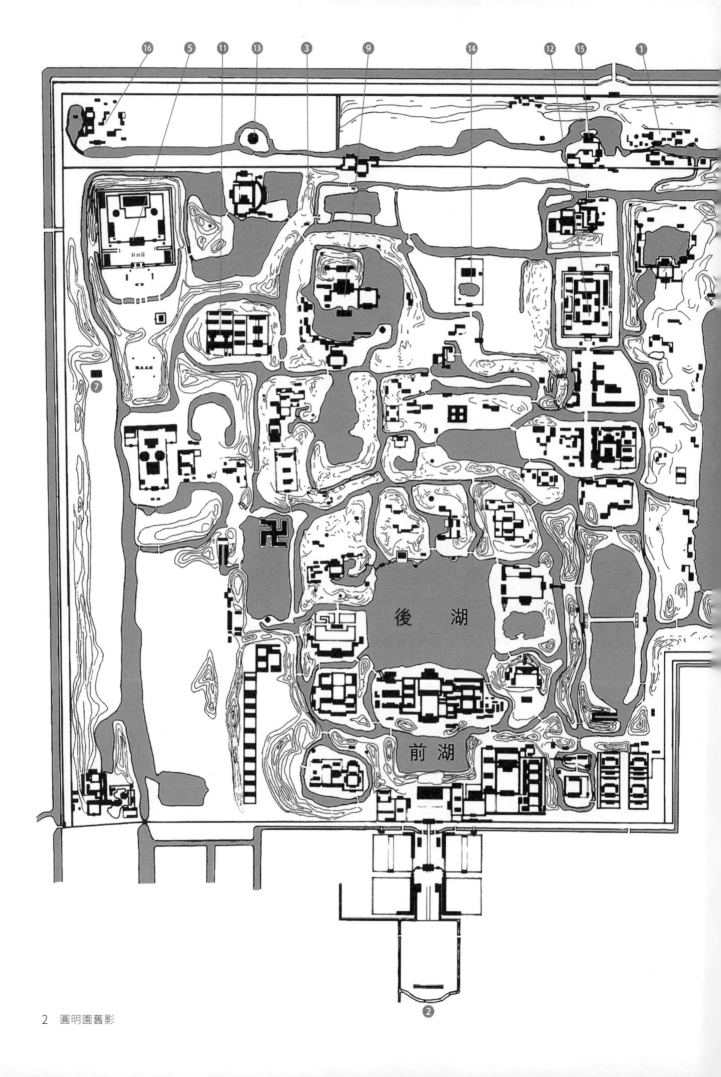

後　湖

前　湖

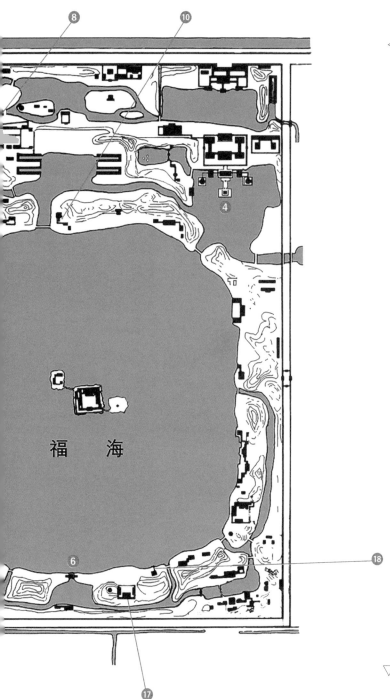

◁ 圓明園平面圖

❶ 北遠山村 **❷** 大宮門崑崙石前湖碑

❸ 斷橋殘雪 **❹** 方壺勝境

❺ 鴻慈永祐 **❻** 夾鏡鳴琴

❼ 魁星樓 **❽** 廓然大公

❾ 濂溪樂處 **❿** 兩峰插雲

⓫ 日天琳宇 **⓬** 舍衛城

⓭ 順木天 **⓮** 文源閣

⓯ 魚躍鳶飛 **⓰** 紫碧山房

⓱ 廣育宮 **⓲** 南屏晚鐘

▽ 美國人麻倫（Carroll Brown Malone）1920 年代
　拍攝的圓明園大宮門前的御道

北遠山村

北遠山村位於圓明園中部最北面，佔地
1.3萬平方米，雍正年間就已建成，為一處模
仿漁村農舍的田野園景。初建之時，此景沒有
精美的殿堂樓閣，簡單樸實的建築分佈在河兩
岸，一如鄉間村舍。皇帝在國事勞頓之餘，
可以來此閒住數日，感受一下鄉村生活，也會
扶犁耕作，品嚐一下農事的滋味。直到嘉慶
二十二年（1817），才在北遠山村中部添建課
農軒大殿。

因地處僻遠，咸豐十年（1860）英法聯軍
劫掠圓明園時並未至此，北遠山村得以完整保
留了下來。光緒二十二年（1896）、二十四年
（1898）還對此處進行過修繕，光緒二十六年
（1900）北遠山村徹底毀於八國聯軍侵華的"庚
子事變"。

△ 法國駐華公使館秘書謝滿祿（羅伯特·德·賽瑪耶伯爵，Comte
Robert de Semallé）1882 年在河對岸拍攝的課農軒大殿及北遠山村
東部建築遺存。

△ 北遠山村繪畫

△ 樣式雷北遠山村燙樣，可見添建的課農軒大殿。

大宮門
崑崙石前湖碑

圓明園宮門外，有一東南走向輦道，乾隆
二十八年（1763）前後，輦道兩旁相繼疏浚成
湖，因形似扇面，俗稱扇面湖、扇子湖，亦曰
前湖。同年，乾隆皇帝御製《前湖》詩，記其原
委，並銘刻於此碑。

此石碑原位於扇面湖西岸。圓明園被毀
後，軍閥王懷慶在扇面湖東部及其北岸慧福
寺、善緣庵一帶，修建了一處私人花園——達
園，於民國八年（1919）秋後動工，歷時三年
多建成，並將該崑崙石石碑東移至達園門內。
此碑至今保存完好，碑文字跡十分清晰。

△ 乾隆御製《前湖》詩碑刻拓片

△ 美國人麻倫 1920 年代拍攝的崑崙石石碑，此時石碑還完好地保存在大宮門前
　湖原址上。

斷橋殘雪

　　斷橋殘雪屬於圓明園四十景之一 —— 匯芳
書院中的一景，位於圓明園的西北。此景是用
太湖石堆成的石橋，仿照杭州西湖十景的意境
稱為"斷橋殘雪"。

△ 謝滿祿 1882 年前後拍攝的斷橋殘雪遺跡，照片上方的兩個外國人可能是法國人德貞和佩特。

△ 匯芳書院繪畫

方壺勝境

方壺勝境為圓明園四十景之一，建於乾隆三年（1738），佔地 2 萬平方米，位於四宜書屋東部，坐落在福海東北角的港灣內，是以人們想象中的仙山瓊閣為題材建造的。

方壺勝境建築群的平立面採用嚴格對稱佈局，由一個中軸線聯着南北兩個群組，南面的一組建築修建在高大的漢白玉基座上，正殿為臨湖二層樓宇，一樓外簷懸掛"宜春殿"匾額，室內設有寶座，四周擺放有大量古董；二樓為佛堂，外簷懸掛銅鍍金字匾"方壺勝境"，室內供奉大小佛像 1000 餘尊。方壺勝境前設有漢白玉護欄，東西各有遊廊與臨湖的三個亭子相連。西邊的亭子叫"凝祥亭"，東邊的叫"集瑞亭"，此二亭屋頂形式與紫禁城角樓相似。在兩亭之間湖面高台之上建有四方涼亭一座，外簷懸掛乾隆御書"迎薰亭"銅鍍金字匾。此亭的名稱和形制與南海瀛台的迎薰亭基本相同，

亭內設有寶座，供皇帝在此納涼觀景，亭南設有台階，平時可做碼頭，皇帝乘船由福海駛進方壺勝境就在此上岸。

方壺勝境殿後為六棟二層歇山頂樓閣，坐落在高出地面三米左右的平台上，南面的樓閣叫"嘯鸞殿"，為皇帝寢宮，其規模、形制與方壺勝境殿相同，一樓設有寶座、牀榻，樓上為佛堂，供有大小佛像近 200 尊。殿外平台上擺有銅鶴、香爐和湖石。樓閣間有遊廊相連，圍成一個封閉的庭院式空間，庭院內種植有玉蘭和蒼松。遊廊上部是露台，可自由穿行。

在方壺勝境以西是圓明園仿建"西湖十景"之一的三潭印月。此景建於乾隆初年，在水中豎立三座高 2.4 米的磚塔，在三塔西為青石疊成的二仙洞，洞口有活水滴落，形成兩個小水簾洞，在三塔東建有跨河敞榭，懸掛乾隆御書"三潭印月"黑漆金字匾，為皇帝觀景之處。

▽ 由西向東拍攝的方壺勝境遺址。遠處是西洋樓遺址，此時的西洋樓
　遺址還相對完整，蓄水樓和諧奇趣的結構還保存完好。據此分析，
　此照片應該是 1900 年庚子事件後不久拍攝的。

△ 1920 年代拍攝的方壺勝境遺址的石刻構件。方壺勝境被英法聯軍焚毀後，遺址上仍保留有大量漢白玉須彌座和各種石刻構件。

△ 1920 年代由南向北拍攝的方壺勝境遺址

△ 1970 年代中期拍攝的三潭印月遺址。一個拖拉機手在遺址上耕地,三潭印月的三塔基座散落在旁邊。

△ 方壺勝境繪畫

鴻慈永祜

　　鴻慈永祜，亦稱安佑宮，圓明園四十景之一。位於圓明三園的最西北處，為清帝御園皇家祖祠。乾隆九年御製《鴻慈永祜》詩序曾提到：“苑西北地最爽塏，爰建殿寢，敬奉皇祖、皇考神御，以申罔極之懷。”1860 年圓明園罹劫後，鴻慈永祜仍殘存井亭、焚帛爐、內外宮牆、八座琉璃券門、致孚殿南耳房、七間值房。

　　同治十二年（1873）試圖局部重修圓明園時，本景為修復重點。至次年七月停工時，安佑宮宮門五間、東西朝房各五間、東北西北兩角值房二座十四間，均已補蓋（揭瓦）成型。1900 年皆毀於八國聯軍兵禍。

▷ 謝滿祿 1882 年前後拍攝的安佑宮華表。華表共兩對四根，民國年間流失出園，一對今在北京大學校門內，一對在國家圖書館文津街分館內。這是僅存的兩張拍攝於 1900 年以前的安佑宮照片之一。

△ 謝滿祿 1882 年前後在安佑宮院內由北向南拍攝的外層宮牆，中列三座琉璃券門，
面寬 5.44 米，進深 3.84 米。從照片上可以看出，安佑宮宮牆和石橋此時尚保存完
好，兩者均毀於 1900 年庚子事變。

△ 麻倫 1920 年代拍攝的安佑宮的宮門及石橋。對比謝滿祿拍攝的照片可見，此時的安佑宮遺址已經被破壞得
面目全非。

△ 麻倫 1920 年代拍攝的安佑宮華表。此時安佑宮遺址上的樹木已經被砍伐乾淨，僅剩華表還屹立在原址上。

◁ 麻倫 1920 年代拍攝的安佑宮遺址上的石麒麟。沒過幾年，這對雍正時期的石麒麟就被燕京大學搬走，至今還在北京大學校園內。

◁ 1920 年代拍攝的安佑宮遺址上的華表。1925 年燕京大學在建校舍（現為北京大學校舍）時，由美國牧師翟伯盜運去三根（其中兩根豎於該校主樓前），這張照片就是運走前華表最後的照片。

△ 鴻慈永祜繪畫

夾鏡鳴琴

　　夾鏡鳴琴為圓明園四十景之一，佔地 4000 平方米，位於福海南岸，是雍正年間依李白詩句"兩水夾明鏡，雙橋落彩虹"意境建造。其主體建築是一座橫跨在水上的重簷四坡攢尖頂橋亭，亭上懸乾隆御書"夾鏡鳴琴"匾額。所謂"夾鏡"是指橋北面的福海與橋南的內湖用橋相"夾"，而"鳴琴"則是指橋東面山坡上小瀑布躍落，沖激石罅，琤琮自鳴。在橋南建有聚遠樓，是帝后到廣育宮拈香時休息之處。

　　廣育宮為道教宮觀，建在橋亭東的小山坡上，供奉着東岳大帝的女兒碧霞元君，民間稱之為"娘娘"。皇帝在圓明園居住期間，每月初一、十五都有太監充當道士在此頌經。每到四月十八日碧霞元君的生日，皇帝、后妃、皇太后都要親自來此拈香禮拜。

　　在廣育宮東福海岸邊還建有一座十字形亭，亭外簷懸掛乾隆御書"南屏晚鐘"匾額，是圓明園仿建的西湖小十景之一。

△ 1960 年代拍攝的夾鏡鳴琴遺址。兩邊的夯土堆就是當年橋亭的基座，東邊的夯土堆上還建有一座簡易小
  屋。夯土背後可看到蓬島瑤台三島遺址，此時的蓬島瑤台中島為氣象站，西島有住戶。

△ 1960 年代由西向東拍攝的夾鏡鳴琴遺址，正中高大的土坡為廣育宮遺址。

△ 夾鏡鳴琴繪畫（畫面右側山上建築即為廣育宮）

魁星樓

　　鴻慈永祐南部西側河外為劉猛將軍廟（劉猛是傳說中的滅蝗保穡之神），在南向小院裏建廟宇三間。此廟始建年代不詳，據乾隆《實錄》載：乾隆七年（1742）三月十九日，帝詣劉猛將軍廟行禮。乾隆五十八年（1793）遵旨翻修劉猛將軍廟一座三間，照舊式油飾彩畫，並拆墁院內甬路 6 米，銷銀 277 兩。據故宮博物院圖書館館藏《圓明園全圖》所見，劉猛將軍廟東南臨河有座圓形建築，或為魁星樓。1933 年《遺址實測圖》則顯示為八方形，並標名"魁星樓"。

△ 謝滿祿 1882 年前後拍攝的魁星樓殘跡

△ 月地雲居繪畫，此圖左上角圈註的建築即是魁星樓。

廓然大公

廓然大公位於福海西北，是圓明園四十景之一，佔地 5 萬平方米，屬於較大的園中之園。康熙末年，廓然大公就已經建成，初名"深柳讀書堂"，乾隆年間改稱"廓然大公"，又稱"雙鶴齋"。乾隆二十年（1755）對其進行了改建，景致仿無錫惠山寄暢園，疊石則是模仿盤山靜寄山莊。

咸豐十年英法聯軍焚毀圓明園，廓然大公竟然奇跡般地躲過了一劫，成為園內為數不多的未毀木構建築。光緒二十二年（1896）還修繕過此景內"雙鶴齋"、"環秀山房"等處的橋樑，慈禧太后、光緒皇帝曾經多次到廓然大公遊覽。

△ 規月橋

△ 廓然大公殿

△ 靜嘉軒、峭蒨居等建築

圖 1、2、3 這三張照片是中國攝影師賴阿芳於 1879 年拍攝的，是目前已知拍攝年代最早的圓明園未毀木構建築照片，現藏於美國康奈爾大學圖書館。

△ 陳文波於 1920 年代拍攝的廓然大公和規月橋，此時規月橋僅殘存橋拱。

◁ 德國駐華公使阿爾方斯·穆默·馮·施瓦茨恩斯坦茨（Alfons Mumm von Schwarzenstein）於 1901 年前後拍攝的規月橋殘跡。規月橋在 1900 年被圓明園附近兵、匪趁火打劫拆毀。此照片拍攝角度與賴阿芳拍攝的規月橋很相似，這也是目前發現的唯一一組圓明園木構建築被毀前後對比的照片。兩張照片對比來看，1901 年前後，規月橋橋拱還在，乾隆御筆"規月橋"三字依然鑲嵌在橋拱處，但橋廊已經盪然無存，橋北面的澹存齋也被破壞，只剩殘垣斷壁，景區內的松樹也已被砍伐。

△ 樣式雷廓然大公燙樣

濂溪樂處

濂溪樂處亦稱慎修思永，係圓明園四十景之一。始建於雍正年間，乾隆初年定本名。其南北長 120 米，東西寬 170 米，佔地 2 萬平方米，建築面積 2300 平方米。

作為一處山擁水抱的園中之園，濂溪樂處主景坐落於島上。正殿"慎修思永"九間，前後抱廈各五間，外簷懸"慎修思永"匾，內簷額曰"濂溪樂處"。慎修思永殿是座大型遊憩寢宮。殿內明間設寶座，後殿有東暖閣、西暖閣，並設西洋樓、西洋戲台，樓梯設在後殿東北，樓上有佛堂和西洋塔。乾隆九年清高宗曾御製《濂溪樂處》詩，其序曰："苑中菡萏甚多，此處特盛。……每月涼暑夕，風爽秋初，淨綠粉紅，動香不已。想西湖十里野水蒼茫，無此端嚴清麗也。……"

知過堂在慎修思永殿後，原僅為一卷，名曰"雲香清勝室"，乾隆四十七年（1782）才改建成為兩卷大殿七間，接前抱廈五間，其抱廈內明間雕漆隔扇上懸乾隆四十七年二月御書"知過堂"匾。同年四月底，乾隆御製《題知過堂》詩，其序云："去冬山東巡撫國泰呈進雕漆檻檻屏扇等件，以其費工無益，甚不愜懷，傳旨嚴行申飭。第念成器不毀，又不肯因此添建大屋，不得已於慎修思永殿後舊有之雲香清勝室接楹裝用，並泐所著《知過論》於壁，遂以名堂。"

△ 謝滿祿 1882 年前後拍攝的慎修思永殿南面（正面）。大殿面闊九間，前後抱廈各五間。

△ 謝滿祿 1882 年前後拍攝的慎修思永殿北面（背面）

△ 謝滿祿 1882 年前後拍攝的知過堂

△ 謝滿祿 1882 年前後拍攝的濂溪樂處西北角的聽雪亭

▽ 濂溪樂處繪畫

兩峰插雲

　　兩峰插雲位於平湖秋月東五孔橋，為倚山
高台四方重簷亭，亭外懸乾隆御書 "兩峰插雲"
匾，取杭州西湖同名景觀。

△ 賴阿芳 1879 年拍攝的 "兩峰插雲"，康奈爾大學圖書館藏。從此照片可知，"兩峰插雲" 並未毀於 1860 年
　的英法聯軍大火。

△ 平湖秋月繪畫，畫面右側圈註處即為兩峰插雲。

日天琳宇

　　日天琳宇位於武陵春色西北部，為一處大
型皇家寺院，分西、中、東三部分，建成於雍
正年間，最初叫佛樓，乾隆九年才改稱日天琳
宇。咸豐十年毀於英法聯軍大火。

△ 謝滿祿 1882 年前後於日天琳宇遺址西北角拍攝

△ 日天琳宇繪畫

舍衛城

　　舍衛城俗稱"佛城"，是雍正年間依照古印度憍薩羅國的都城建造的（註：憍薩羅國是佛祖誕生地，都城名曰舍衛城）。舍衛城是圓明園內唯一一座獨立的城池，南北長150米，東西寬110米，佔地1.65萬平方米。整座城池建有厚實堅固的城牆和高大的門樓，不但有士兵站崗，沿城還環繞有護城河。之所以戒備森嚴，是因為城內收藏了大量西藏、蒙古及外藩進貢的金佛像、珍貴法器、經卷等，據說各類佛像有十萬尊之多。

　　全城建築沿中軸線佈局，由亭堂遊廊組成大小不同、主次分明的三進院落。舍衛城南門正對買賣街，門前有三座四柱牌樓一座，過牌樓即是舍衛城南門，城門上方嵌有雍正御書"舍衛城"匾，城關上建有三間城樓，名曰"多寶閣"，內供關公像。多寶閣後為山門，由南向北依次是"壽國壽民殿""仁慈殿""普福宮"，最北為舍衛城北城樓，乾隆御筆"最勝閣"就掛在城樓上。

　　英法聯軍佔領圓明園後，舍衛城內收藏的佛像、陳設及法器被洗劫一空，舍衛城被焚毀，只剩下城牆和城門。

△ 謝滿祿 1882 年前後拍攝的舍衛城大門。此時的舍衛城大門保存尚好，雍正御筆 "舍衛城" 清晰可見，大門前的牌樓夾杆石也還在原址上。這是迄今所見唯一一張拍攝於 1900 年以前的舍衛城照片，研究價值極高。

△ 1920 年前後拍攝的舍衛城殘跡

△ 1920 年前後拍攝的舍衛城殘跡

△ 1920 年前後拍攝的舍衛城殘跡

△ 1920 年前後拍攝的舍衛城殘跡，時間略晚於前三張。

△ 美國人約翰・詹布魯恩（John Zumbrun）1920 年前後拍攝的舍衛城殘跡

△ 日本人常盤大定、關野貞 1920 年代拍攝的舍衛城殘跡。1921 年 9 月至 1922 年 11 月，北洋政府陸軍十六師曾多次派大批車輛、人員拆毀舍衛城殘餘城牆，這張照片就是這次浩劫之後拍攝的。

△ 1920 年代中期透過舍衛城門洞拍攝的舍衛城遺址。此時舍衛城已更加殘
破，但主要殿宇的地基尚存，再後來的幾十年裏，又不斷有人對其進行盜
挖。1949 年後，此地一度成為武裝部的打靶場。如今，舍衛城遺址僅存
東西北三面殘牆，建築基址已蕩然無存。

▷ 雍正御御書"舍衛城"匾

▽ 坐石臨流繪畫，畫面遠處圈註的就是舍衛城。

順木天

在紫碧山房景區的果蔬圃偏東方向,是座八方二十四柱高台大亭,亭台四面皆設踏跺(古建築的台階),外圍環以清溪,東西各架一座石平橋。亭外簷懸乾隆御書"順木天"三字匾。亭名取自唐代柳宗元所著《種樹郭橐駝傳》"橐駝非能使木壽且孳也,能順木之天,以致其性焉爾"之句。意思是說種樹要順應樹木的自然生長規律,使它按照自己的本性成長,引申到管理百姓,就是要與民休息,尊重發揮人們的主觀能動性,不要管得太多。順木天在咸豐十年英法聯軍的劫掠中躲過一劫,直到1900年才被拆毀。

△ 乾隆御筆"順木天"匾

△ 謝滿祿 1882 年前後拍攝的順木天，建築基本完好，乾隆御筆 "順木天" 匾還掛在原處。

文源閣

文源閣地處圓明園中北部，佔地 1.6 萬平方米，是圓明園最大的藏書樓。文源閣所在之處，最初為水木明瑟北部的一片稻田，雍正時建有一座四達亭。乾隆四十年（1775），下旨在此仿照浙江寧波范氏天一閣修建了文源閣。

文源閣內藏有《古今圖書集成》一部萬卷，《四庫全書》一部八萬卷。《古今圖書集成》是康熙年間編纂的一部大型類書，歷時約六年而成；《四庫全書》是乾隆年間編纂的一部大型叢書，歷時約十年而成，全書分經、史、子、集四大部分，故稱"四庫"。該書共抄寫七部，分藏於北京紫禁城文淵閣、圓明園文源閣、承德避暑山莊文津閣、瀋陽故宮文溯閣、揚州文匯閣、鎮江文宗閣和杭州文瀾閣，其中文淵閣、文源閣、文津閣、文溯閣合稱"內廷四閣"。

△ 民國初年拍攝的玲峰石。從此照片中人物比例可看出玲峰石體型巨大。

△ 民國初年拍攝的文源閣前玲峰石。此石產於北京房山，玲瓏剔透，孔穴甚多，石上刻有乾隆御題"玲峰"二
　字及彭元瑞、曹文埴等大臣的詩詠。1924 年，此石被土匪炸成數段，今殘石仍存於原處。照片右邊為乾隆
　御書滿漢對照《文源閣記》石碑，此碑原有碑亭，已毀於 1860 年英法聯軍之火，石碑尚完好，現存於國家
　圖書館老館。

△ 1920年代拍攝的文源閣遺址，此時還有部分疊石尚存。照片中的石碑就是乾隆御書《文源閣記》碑。

△ 1920 年代拍攝的玲峰石，有五個西方人在石前合影。

魚躍鳶飛

　　魚躍鳶飛建於雍正年間，是圓明園四十景之一，位於圓明園北區中部，它的北面不遠處就是圓明園大北門。

　　魚躍鳶飛主體建築為兩層四坡攢尖樓閣，一層四面開門，南門外簷懸雍正御書"魚躍鳶飛"匾，殿內有牀，並有樓梯可上二樓。由於圓明園北部其它景區相對較矮，魚躍鳶飛猶如一個龐然大物突立於此，二層四壁窗子打開，

向北可望圓明園牆外風情，向西可望西山風景，向南或向東望可欣賞到圓明園秀美的風光，成為清帝欣賞圓明園北部景區及四周田園風光的絕佳場所。另外，清帝每次外出打獵，都要在此殿休息，還要在院內察看獵獲之物。

　　咸豐十年，英法聯軍焚毀圓明園時魚躍鳶飛正殿幸免於難，直到 1900 年才毀於八國聯軍侵華的庚子事變。

△ 謝滿祿於 1882 年前後拍攝的魚躍鳶飛正殿

△ 魚躍鳶飛繪畫

紫碧山房

　　紫碧山房位於圓明園西北角，佔地 1.37 萬平方米。此處地勢較高，又廣疊山石，遂成為圓明園內最高的地方。雍正年間，此處僅有一些小型建築。乾隆二十二年（1757）乾隆皇帝第二次南巡迴鑾後，仿照蘇州寒山別業和千尺雪摩崖，對紫碧山房進行了大規模的改擴建，於乾隆二十五年（1760 年）基本完工。

　　由於紫碧山房位於全園的最西北部，比較偏遠，1860 年英法聯軍劫掠圓明園時並沒有到達這裏，所以紫碧山房和東面的順木天都躲過一劫。光緒年間，慈禧太后曾多次遊覽此處，並進行過修繕。1900 年八國聯軍攻佔北京，紫碧山房徹底毀於戰亂。

△ 1920 年代，站在紫碧山房遺址最高處拍攝的北京西山。

△ 1920 年代拍攝的紫碧山房遺跡，已有村民在此建房居住。

紫碧山房復原圖（張寶成繪）

第二章

長春園 綺春園

長春園

長春園位於圓明園東部，佔地面積 70 公頃（70 萬平方米）。乾隆十六年（1751）中式園林部分基本建成。"長春"二字的命名源於圓明園四十景之一的"長春仙館"，乾隆皇帝（愛新覺羅·弘曆）少年時曾在"長春仙館"讀書，雍正賜號為"長春居士"。

乾隆皇帝少年時曾受到爺爺康熙皇帝重點照顧和教誨，無論是去木蘭圍獵還是出巡祭祖都將他帶在身邊。以至於不少史學家都認為，雍正之所以能登上皇位，與康熙希望弘曆今後能繼承大統有關。弘曆對自己的爺爺也是十分感激，登上皇位以後曾多次對身邊的大臣提到，自己在位絕對不能超過康熙皇帝的六十一年，長春園就是乾隆為自己歸政後修建的養老之處。正因如此，長春園整體的建造思想就是以山水遊樂為主，沒有像圓明園、綺春園那樣建造用於政治活動、日常起居等的複雜建築，整個園林舒展明快，大小景色十幾處，或建在水上；或建在島上；或沿岸臨水，所有景點都是因水成景，因地制宜。山水佈局、水域劃分十分得體，是西郊諸園林的上成之作。在長春園北部，乾隆中期以後還建造了仿歐式的西洋樓（本書第三章），成為中國皇家園林史上中西文化交流的典範。

咸豐十年（1860），英法聯軍焚毀圓明三園，長春園的絕大多數景觀建築毀於一旦，只有宮門、海嶽開襟和法慧寺琉璃塔等處幸免。其中海嶽開襟保存最為完好，因為此景區位於湖中央，英軍焚毀圓明園時沒有船隻上島，所以完整保存了下來。法慧寺琉璃塔則是木構建築寺廟被燒毀，琉璃為主的塔剎因為不怕火燒才得以保存下來。但可惜的是，1900 年前後，這些幸存下來的建築均毀於周邊百姓之手。

△ 長春園平面圖

1 長春園宮門　**2** 海嶽開襟

3 澤蘭堂　　　**4** 法慧寺

萬泉河

三孔橋

△ 美國人胡普・丹比女士（Hope Danby）1939 年左右拍攝，圓明園附近村民正在偷運
　園內木樁，照片上的曲橋很象長春園茜園內曲橋。

△ 胡普・丹比女士 1939 年左右拍攝，圓明園附近村民為了獲取木樁而盜挖園內建築基址。

長春園宮門

　　長春園宮門於乾隆十二年（1747）建成，懸掛乾隆御筆"長春園"匾額。此門盛時列序於圓明園大宮門之後，俗稱"二宮門"。大門月台上安置銅麒麟一對，麒麟身長 160 釐米，高 211 釐米，連同石須彌座通高 326 釐米。這對銅麒麟最早擺放在圓明園大宮門前，乾隆二十八年（1763）大宮門前改置銅獅，銅麒麟移至此處。1860 年圓明園罹劫後，銅麒麟保存完好，但進入民國後，兩隻麒麟受到了不同程度的損壞，1937 年 6 月受損的麒麟被移至頤和園，並將兩隻麒麟的構件拼湊為一隻，保存於仁壽殿前。

△ 長春園宮門前的銅麒麟

△ 謝滿祿 1882 年前後拍攝的長春園宮門

△ 澹懷堂繪畫。澹懷堂位於長春園宮門內,為長春園正殿。

海嶽開襟

　　海嶽開襟位於長春園西北部湖心島，直徑約 90 米，建築面積約 1000 平方米，居於圓形石砌崇基之上，四周環水，東、西、南、北各設碼頭。1860 年圓明園罹劫時，海嶽開襟島因為地處湖心，英法聯軍無法登島，得以幸免。同治年間試圖重修圓明園時，曾勘查海嶽開襟，並機密燙樣進行修繕。光緒二十二年 (1896) 二月至九月，慈禧太后、光緒皇帝還曾三次遊至此島。1900 年八國聯軍入侵北京，海嶽開襟毀於周邊土匪庸民之手。

△ 謝滿祿 1882 年前後拍攝的海嶽開襟。謝滿祿拍攝的這組照片是目前發現的唯一一組海嶽開襟被毀前的照片，其中部分照片為登島後近距離拍攝，十分珍貴。

△ 謝滿祿 1882 年前後登島拍攝的海嶽開襟正殿。此殿在乾隆年間為三層樓閣,是皇帝登高望遠的最佳去處。
　但可能是在道光或咸豐年間進行過改建,將三層改為一層重簷攢尖頂大殿,照片展示的就是改造後的樣
　子。這也是目前僅見的海嶽開襟正殿近距離照片,為研究其變遷提供了重要的參考依據。

△ 謝滿祿 1882 年前後拍攝的海嶽開襟配殿。海嶽開襟有前後兩座配殿，前穿堂配殿外簷懸掛"林淵錦鏡"匾，
　後穿堂配殿外簷懸"秀挹岑清"匾。兩穿堂配殿原皆為三間，後改為五間。

△ 日本人山本贊七郎 1888 年登島拍攝的海嶽開襟配殿。對比法國人謝滿祿 1882 年拍攝的同角度照片，此時
　配殿的窗戶等處已有損壞。

△ 拍攝於 19 世紀末的海嶽開襟舊照。隱約可見海嶽開襟此時還有建築遺存，畫面右側的重簷
　四方亭為流香渚。

△ 營造學社 1920 年代拍攝的海嶽開襟島。對比謝滿祿 1882 年幾乎同一個角度的照片，此時島
　上建築已被破壞殆盡，僅存部分漢白玉欄杆。

△ 1920年代拍攝的海嶽開襟遺址，歷經了庚子事變的洗劫，島上建築已被全部拆毀，僅存基座和部分漢白玉
欄杆。

△ 海嶽開襟復原圖（張寶成繪）

澤蘭堂

澤蘭堂位於長春園中軸線北山陽坡，再北即為西洋樓中心景觀 —— 遠瀛觀、大水法。作為一處古典園林風景群，澤蘭堂佔地 1 萬平方米，其中建築面積 1400 平方米。景區內疊石頗佳，最具特色。其主殿名為"澤蘭堂"，是一座楠木大殿，是欣賞大水法噴泉的最佳場所。大殿旁邊有小路，沿路而行，穿過巴洛克式門，就進入了西洋樓景區。

乾隆六十年（1795）正月御製《題澤蘭堂》詩云："書堂號澤蘭，朴斲謝青丹。藝帙堪永日，藤窗避薄寒。蕪情報韶意，水法列奇觀。洋使賀正至，遠瀛合俾看。"

△ 1920 年代拍攝的澤蘭堂遺址。此時遺址上的疊石保存完好，照片遠處即是西洋樓景區的海晏堂主樓。

△ 澤蘭堂復原圖（張寶成繪）

法慧寺

在海嶽開襟北面，東、北、西三面連綿青山環繞的山坳裏，有一座坐北朝南的宗教建築——法慧寺。

法慧寺佔地 3000 平方米，在長春園建成之初就已經落成。其建築分兩部分，東部是一個方形院落，南為倒座樓五間，簷下掛乾隆御書"福佑大千"匾。正殿法慧寺殿為五間，殿內擺放楠木掃金二層塔一對。後殿與正殿有廊廡相通，連成一座工字殿，殿內懸掛乾隆御筆"光明性海"匾。

法慧寺西院是一座高聳的五色琉璃磚塔，塔基為正方形大理石須彌座，高 0.99 米，上有漢白玉石欄杆。塔為七級，高七丈三尺五寸（約為 23.55 米），是圓明園內最高的一座塔。最下兩層為正方形，高 6.91 米，塔簷琉璃瓦分別用翡翠色、黃色；中間兩層為八方式，高 5.69 米，塔簷分別用青色、紫色琉璃瓦；最上三層為圓式，高 6.97 米，塔簷分別用綠色、黃色、青色琉璃瓦；塔頂為銅包金覆鐘經幢式，高 3.07 米；塔身四周都有佛龕，內供奉觀音坐像。此塔幸免於 1860 年英法聯軍的劫掠和火災，直到 1900 年年底尚存，但最終難逃厄運。

乾隆年間共修造了 6 座琉璃塔，除此塔外，一座在北海北岸，修好後不久就毀於大火。兩座在清漪園（頤和園）北坡花承閣、靜明園（玉泉山）聖緣寺，此二塔形式相同，均為上下八方式。還有兩座位於靜宜園（香山）昭廟和承德須彌福壽之廟，此二塔均為樓閣式。六塔中唯獨長春園琉璃塔形式最為獨特，建造最為精美。

由於法慧寺地處長春園北面，離圓明園護軍守衛巡邏地域較遠，不屬於重點保護範圍。再加之離西洋樓遺址較近，當時西方攝影愛好者在花錢買通看園太監進入西洋樓景區拍照後，很容易就發現不遠處矗立着精美高大的琉璃塔，所以長春園法慧寺琉璃塔就成為除西洋樓殘跡外保留照片最多的圓明園建築。

在法慧寺西還建有一座小型城關，有乾隆御書"普香界"匾額。

△ 可能是英國人托馬斯・查爾德（thomas child）在 1876 年前後拍攝的琉璃塔。此時圓明三園仍有部分建築
　尚存，此塔就是其中之一。

△ 此照片與前一張很相似，但仔細看可發現在塔下臥有一人。

△ 這張琉璃塔照片拍攝時間應該在 1860−1900 年之間。其珍貴之處在於拍攝者
　不光拍攝了琉璃塔，還拍攝到了法慧寺部分建築殘跡。

△ 謝滿祿 1880 年代拍攝的琉璃塔，目前所見僅此一張。

△ 八國聯軍的德軍軍醫喬治‧克萊門斯‧佩特斯（Georg Clemens Perthes）1900
年拍攝的琉璃塔。此時的法慧寺遺址已是荒涼一片，惟獨琉璃塔尚存。根據佩
特斯日記記載，他曾於 1900 年 12 月 25 日來到長春園遊玩，照片應該就是此
時拍攝的。由此可知，直至 1900 年冬天此塔尚存，其到底損毀於何人何時，還
需要進一步考證。

△ 法慧寺復原圖（張寶成繪）

綺春園

綺春園本是雍正御賜給怡親王允祥（康熙第十三子）的花園，名為交輝園。乾隆年間，該園改賜給大學士傅恒，並易名春和園。乾隆三十四年（1769）又將春和園歸入圓明園，正式定名為綺春園。但此時的綺春園除宮門和正覺寺以外，幾乎沒有大型建築，只有一些小型的亭台樓閣點綴其間，如：浩然亭、涵遠齋、知樂軒、聯暉樓，竹園、雙壽寺、莊嚴界、環秀城關等。乾隆皇帝一生留下了四萬餘首御製詩，其中不乏以圓明園、長春園景致為題者，但卻連一首描寫綺春園的詩句也沒有。綺春園當時的規模和地位，由此可見一斑。直到嘉慶年間，將綺春園西邊諸多小園子併入，並加以修繕、添建才初具規模。到了道光元年（1821），綺春園東路被改建為太后寢宮。就這樣，經過乾隆、嘉慶、道光三代皇帝的經營，綺春園才達到全盛。不過，此時的清王朝已開始走下坡路，所以，即使是全盛時期的綺春園，無論是建築質量還是造園規模，都無法與圓明園及長春園相比。

綺春園面積比長春園略小，為 54.3 公頃（54.3 萬平米）。因為是由若干個小園子合併而成的，所以全園沒有統一、完整的佈局。各園之間相對獨立，但園林設計者利用河道將其相互連通，使各個獨立的小園子又相互串聯起來成為一個整體，這也是綺春園不同於圓明園與長春園之處。

綺春園在咸豐十年被英法聯軍焚毀後，山形水系一直保留完好，同治十二年（1873），為給慈禧太后慶祝四十歲生日，曾擬重修綺春園，並下令更名為萬春園，慈禧還曾親自審批過設計燙樣（模型）。由於國庫拮据，重修工程剛開始進行就被迫停工，但萬春園這個名稱卻流傳下來，所以有人稱呼為綺春園，有人稱呼為萬春園，為求統一，本書中一律按綺春園稱呼。

　　綺春園絕大多數景觀建築都毀於 1860 年英法聯軍的大火，只有宮門、正覺寺（位於綺春園牆外）和仙人承露台底座等處幸免。1927年，香山慈幼院擬在成府（乾隆十一子成親王永瑆園邸，在圓明園南側）東側修建香山中學，以低價購得綺春園宮門幸存建築。後來中學未建，宮門卻已被夷為平地。民國初年，正覺寺被曾任北洋政府代國務總理的顏惠慶購作私人別墅，拆去佛像，資遣喇嘛，建築也進行了改造裝修。後又轉售清華大學成為教職員工宿舍。至 1960 年代，寺內多數建築、古柏尚好。從 1970 年代起，海淀機械製造廠（北京長城鍋爐廠）等三個區屬企業駐進正覺寺，亂拆亂建，導致寺內僅殘存山門、文殊亭、四座配殿及 27 株古樹。2011 年，正覺寺經過騰退、修繕和復建等一系列工程，已對外開放。仙人承露台底座則於 1925 年前後被運至中山公園並保存至今。

△ 綺春園平面圖

❶ 綺春園大門 ❷ 涵秋館仙人承露台

❸ 澄心堂　　❹ 凌虛亭

❺ 天心水面　❻ 正覺寺

❼ 三孔橋

綺春園大門

綺春園早期宮門建設時間和地點已不可考，現在宮門的位置是嘉慶十四年（1809）添建的，俗稱"新宮門"。新宮門坐北朝南，南起宮門廣場前大影壁，北至中和堂前的壽山，南北長近 200 米，佔地 24000 平方米。

新宮門前建東西朝房各五間，正南有長近 30 米的大影壁，在影壁與宮門之間用木柵欄圍成一個小廣場。影壁外側為環園護城河，在護城河兩側還建有皇太后外膳房、奶茶院等大小建築 55 間。

綺春園宮門為五間卷棚歇山頂門殿，門內檐掛"綺春園"金字匾。宮門為皇帝與皇太后出入專用，在宮門兩側還分別建有兩個角門，王公大臣奉旨入園需從東面的角門進園，而太監、雜役則由西面的角門進出。

△ 美國人西德尼‧戴維‧甘博（Sidney David Gamble）1919 年拍攝的綺春園大門

△ 瑞典人喜仁龍 1922 拍的綺春園大門。對比甘博在 1919 年拍攝的同角度照片，此時門前的石獅已經下落不明了。

涵秋館仙人承露台

　　涵秋館建於嘉慶年間，坐落在敷春堂西北的長島上，是綺春園春（敷春堂）、夏（清夏齋）、秋（涵秋館）、冬（生冬室）四季景觀之秋景。

　　涵秋館坐北朝南，佔地 1 萬平方米。主體建築為七間雙工字大殿，外簷懸嘉慶御筆 "涵秋館" 匾。在雙工字大殿的天井中設有疊石噴泉。涵秋館前後殿內均建有仙樓（二層閣樓），後殿東經套殿折而北還建有三間套殿。

　　涵秋館北有三孔橋，後於 1950 年代被拆毀，1979 年在原址修復。在涵秋館東山外側山坳處建有仙人承露台。

△ 丹麥人索弗斯・布萊克（Sophus Black）1915 年拍攝的涵秋館仙人承露台。此
　台後被運至中山公園，現置於中山公園西北角碼頭前。

△ 喜仁龍 1922 年近距離拍攝的仙人承露台

△ 三個西方人在仙人承露台遺址前合影

△ 西方人、中國小孩在仙人承露台基座上

△ 民國時期被移到中山公園的仙人承露台，已被改為噴泉基座。

◁ 日本人拍攝的三孔石橋

△ 瑞典人喜仁龍（Osvald Siren）1922 年拍攝的三孔石橋

△ 1920 年代拍攝的三孔石橋，橋上站着一位手持紅纓槍的男子。

△ 涵秋館復原圖（張寶成繪），畫面右上角圈註處即為仙人承露台。

澄心堂　凌虛亭

　　澄心堂位於綺春園西路南湖島上，初名"竹園"，乾隆年間已歸入綺春園，嘉慶中後期又進行過大規模修繕，佔地約 1.5 萬平方米。

　　澄心堂正殿坐落在島上偏南的位置，坐北朝南，為兩卷五間大殿。殿內設有寶座。正殿東西各建有套殿七間，俗稱"西室"、"東室"。西室外簷下懸"垂虹榭"匾，東室外簷下懸"綺旭車"匾。澄心堂北建有東、西配殿各五間，是庫房與值房。嘉慶、道光、咸豐祖孫三代皇帝都對澄心堂情有獨鍾，經常來這裏用膳、休憩。

　　澄心堂東北小島上是湛清軒，北岸與其隔湖相望建有雲漪館。澄心堂西南對岸則是建於山丘之上的凌虛亭，外簷懸嘉慶御書"凌虛亭"匾，這裏是綺春園西南部登高望遠的佳處。

▷ 彭德爾頓 1931 年站在凌虛亭的遺址上，由東向西拍攝的惠濟祠與河神廟廢墟。畫面遠處可見頤和園佛香閣。

△ 美國地理學家彭德爾頓（Robert Larimore Pendleton）1931 年站在凌虛亭的遺址上，由西向東拍攝的澄心堂廢墟。畫面遠處可見正覺寺。

天心水面

天心水面在鑒碧亭以北，殘橋西北方向。原為臨水敞榭，面闊五間，南北各接三間抱廈，北額題："天心水面"，南額題："玩鶴亭"。

13635

△ 天心水面附近的橋拱殘跡

正覺寺

正覺寺俗稱"喇嘛廟"，位於綺春園正門以西，坐北朝南，佔地 1.266 萬平方米，是綺春園中最大的佛寺。它有獨立的山門通向園外，同時又有後門與綺春園園內相通，是"圓明三園"當中唯一一組獨立通向園外的景區。乾隆三十八年（1773）建成後，奉旨從香山寶諦寺調來喇嘛 41 人，其中首領喇嘛 1 人、小喇嘛 40 人，每月初一、初八、十三、十五日在寺內唸經。乾隆皇帝會不定期地來正覺寺禮佛頌經。

正覺寺山門為三開間，門外簷懸乾隆御書漢、滿、藏、蒙四種文字的"正覺寺"石匾。山門殿塑哼哈二將。山門只在舉行重大活動時才開啟，僧侶平日只能從山門東、西兩側的旁門進出。

進入山門是天王殿五間，殿前東、西建有鐘、鼓樓，樓前各立旗杆一根。殿中供奉彌勒佛，東、西兩側是四大天王塑像。天王殿後為正殿七間，名曰"三聖殿"。殿前、後有廊，殿前有月台，殿後有抱廈三間。殿內正中供奉三世佛楠木雕像，東、西分列十八羅漢彩塑。後抱廈內塑南海大士像一尊。天王殿與三聖殿的東、西分別建有配殿五間，均為喇嘛住房。

三聖殿以北建有八方重簷亭一座，外簷懸掛"文殊亭"匾。文殊亭前有通道與三聖殿相連，亭內有神台，高六尺，為長方形漢白玉須彌座，座上置一木雕文殊菩薩騎獅像，據說是按乾隆皇帝相貌塑造的。據趙光華先生（1924—2012）《圓明園及其屬園的後期破壞例舉》一文中記載，此文殊像為楠木雕刻，總高三丈，其中獅高一丈四尺。左右立二童，皆高八尺。左為黑獅奴（傳說此人為"西洋回回"），虯鬢捲髮，手持青獅韁繩。右為韋陀（傳說此人為乾隆侍衛白大將軍），身披甲冑，持棒侍立。

文殊亭後是正覺寺的最後一組建築，為二層七間的後罩樓，名曰"最上樓"。據曾親眼見過正覺寺最上樓內佛像的金勳先生（1882-1976）記載"最上樓下層中間供奉五方佛，身分五色，皆像如來佛容顏。正中一尊為黃色，東次間為藍色，東稍間一尊為綠色，西次間一尊為紅色，西稍間一尊為白色。西板牆設羅漢牀一，為章嘉呼圖克圖座位。西山擺置一排經櫃，內藏四體字經文。"最上樓東、西各有五間配殿，為僧侶住房。

咸豐十年（1860）和庚子事變（1900）圓明園兩次劫難中，正覺寺都因地處偏辟而幸免於難，成為圓明三園中唯一一組保存至今的建築。民國年間，正覺寺曾被北洋政府代總理顏惠慶購得，並改為私人別墅。1949 年後，

正覺寺成為清華大學教職員工宿舍，保存還算完好。文革期間，正覺寺被工廠佔用，亂拆亂建，破壞損毀嚴重。2001 年，政府將工廠遷出，對正覺寺進行了治理修繕，將山門，三聖殿東、西配殿，文殊亭按原樣修復，對天王殿、最上樓進行了考古挖掘，並進行了復建。2011 年，修繕一新的正覺寺正式對外開放。

△ 法國人阿爾費德·杜帖特（Alfred Dutertre）1909 年拍攝的正覺寺，拍攝地點位於正覺寺山門西南角。從
　照片上來看，正覺寺雖然經歷了 1860 年和 1900 年兩次浩劫，但仍然保存完好。山門和鼓樓如故，山門前
　的石橋仍存。如今正覺寺山門已修復，鼓樓已改建，可惜山門前的石橋已無存。

△ 1939 年的正覺寺。此時正覺寺的山門保存完好，因為曾經變為私人別墅，所以
　正覺寺此時不再有宗教活動。

△ 1930 年代末在淩虛亭遺址附近由西向東拍攝的的正覺寺

△ 圖 1 正覺寺山門外，幾位西方人坐在馬車上。鏡頭之外，應是另一位西方人正在給他們拍照，一旁觀看者
　　是他的車夫。圖 2 是圖 1 的局部特寫，從照片上可以隱約看到正覺寺三聖殿的單簷廡殿頂。

△ 1920 年代拍攝的三聖殿全景。雖因年久失修，三聖殿顯得較為破敗，但其規制仍在，整體格局也較完整。
　從照片可知，三聖殿是單簷廡殿頂，而 2009 年復建的時候卻改成了重簷歇山頂，出現了明顯的錯誤。此照
　片為僅存的四張正覺寺山門以內的照片之一。

△ 1920 年代拍攝的三聖殿內三世佛。此照片為僅存的四張正覺寺山門以內的照片之一。

△ 1920年代拍攝的文殊亭內景。亭內的文殊菩薩騎青獅之像，總高三丈；左右立
二童，左為獅奴，右方為韋陀，皆高八尺。文殊菩薩像及其背光均為木質包金，
獅與二童均五彩撥金，下承漢白玉石台。此照片為僅存的四張正覺寺山門以內
的照片之一，可驗證史料記載準確無誤。

△ 1920 年代拍攝的文殊亭內景，可見文殊菩薩局部、青獅、韋陀。

正覺寺

正覺寺位于綺春
園正宮門之西，坐北朝南。
因園地上無隙地可通
而又毗成橋局，是
故南山宮牆上另開
一門附焉。一音佛
寺始祈味淋名

子覺寺，名起隆三十
八年建成同年六月
由善山宏壽寺裝
进供奉之名小喇嘛
十名名世中奏香

朝廷呼喇嘛爲住持
楚香志係出賞
寺甘南山寸之曰三十
殿堂數七四山殊宇
至寺樓平至上
樓之樓首亦名正
近池上成，覺寺
山内內左右亦設
樓平旗行，对

二十天纪六十年代
的園地波薩功之宅
子都等見在眼里
咸此新行亂建成
今之新副忠地

寺內今欽建厥王
古柏尚好年七十年
戊寅春暮書記
宗林寺石

△ 正覺寺復原圖（張寶成繪）

第三章

西洋樓

　　在長春園東北部有一組歐式園林，共由十餘座西式建築和庭院組成，俗稱"西洋樓"。西洋樓景區建有獨立的園牆，牆面採用西洋焦點透視法，分段繪幾何形圖案，因此稱為線法牆。景區平面呈"T"字形，東西長 860 米，西部南北寬 300 米，其餘僅寬 65 米，總佔地約 7 萬平方米，僅為圓明園三園總面積的 2%。

　　西洋樓景區始建於乾隆十二年 (1747)，至乾隆二十四年 (1759) 基本建成。它是由在清廷任職的傳教士意大利人郎世寧，法國人蔣友仁、王致誠，葡萄牙人艾啟蒙等人設計，並指導中國匠師建造的。其建築形式兼具歐洲文藝復興後期意大利的"巴洛克"風格和法國的"勒諾特"風格，同時也汲取了中國園林和建築的特點，進行了中西園林結合的嘗試。比如，在總體佈局上採用了歐洲傳統的幾何構圖，但又局部採用了中國的自然山水佈局。在造園內容上，既有西洋的宮殿、迷宮、線法畫、水法（噴泉）、花壇和綠籬，又有中式的竹亭、疊石和甬路；既有西洋石獅子、石翻尾魚，又有中國傳統文化中的十二生肖銅雕塑。在建築上，既採用大理石雕花券柱，又加蓋了重簷琉璃瓦屋頂，並在抹灰的牆面上使用了彩色琉璃浮雕裝飾。可以說，西洋樓是中國大規模仿建歐式園林的一次成功嘗試，這不僅在中國園林史上，乃至在東西方園林交流史上都佔有重要地位。

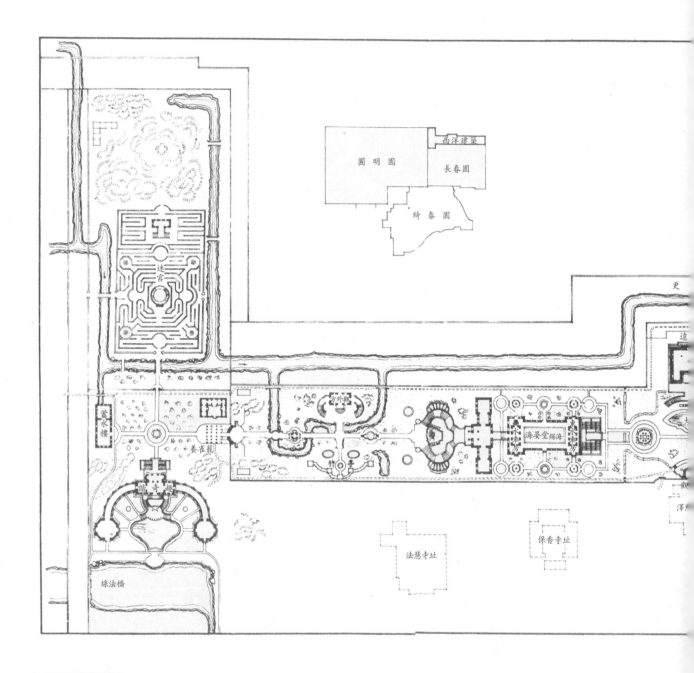

△ 西洋樓平面圖

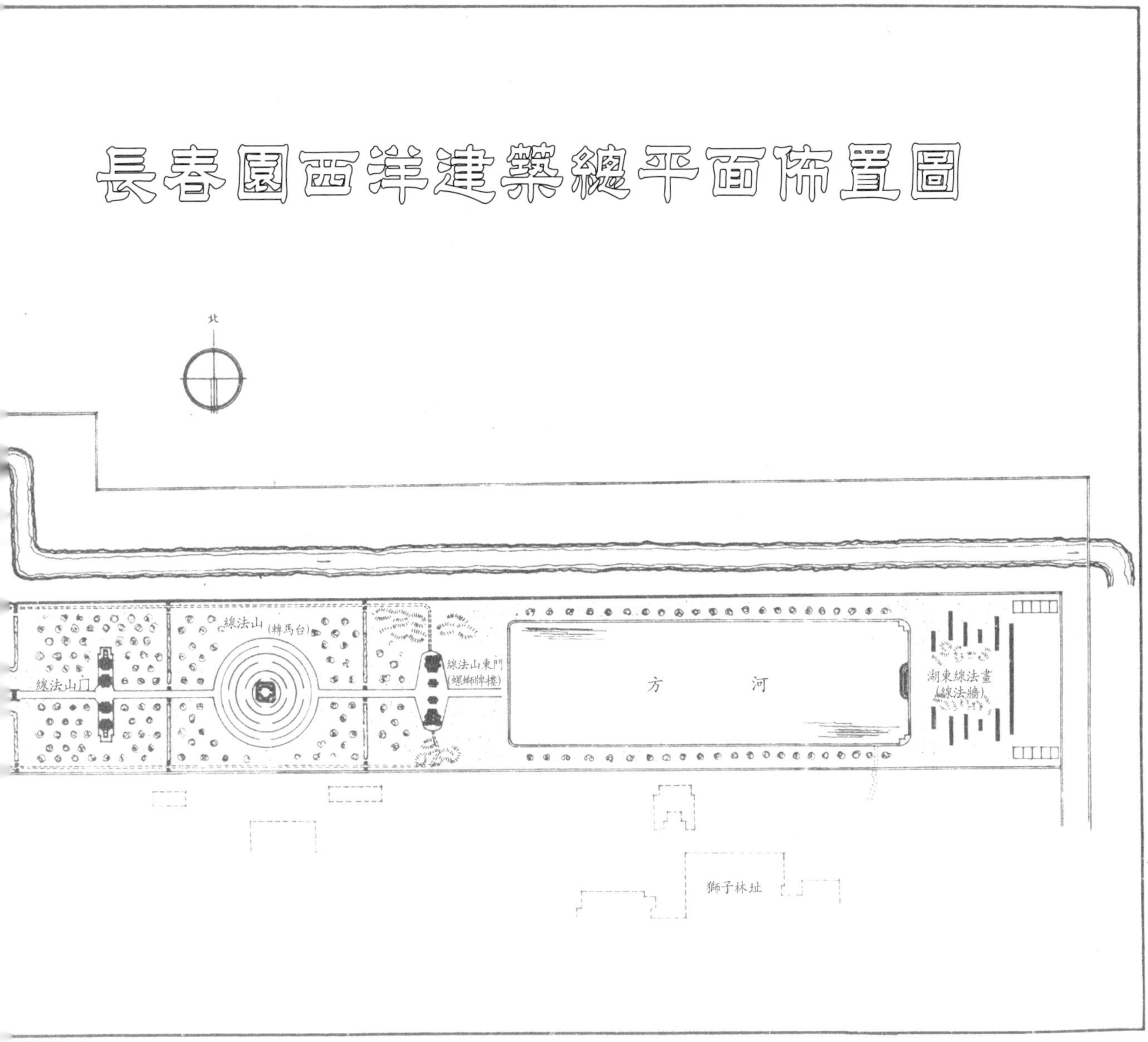

長春園西洋建築總平面佈置圖

北

線法山（牌馬台）

線法山東門
（螺螄牌樓）

線法山門

線法山

方　　河

湖東線法畫
（線法牆）

獅子林址

諧奇趣

諧奇趣位於西洋樓景區最西部，坐北朝南，由諧奇趣主樓、主樓前後噴水池（樓前為海棠形，樓後為菊花形）及北邊的供水樓組成。從乾隆十二年（1747）開始籌劃，由郎世寧和蔣友仁設計，至乾隆十六年（1751）秋季竣工，前後歷時四年，是西洋樓景區最早建成的建築。

諧奇趣平面呈半圓弧形，主樓為三層，一層、二層都是七間，頂層為三間，頂層兩邊建有涼台。在一層大殿東西兩側伸出弧形平台遊廊，遊廊中懸掛自康熙至乾隆年間來華的傳教士畫像，遊廊盡頭建有兩層八角形樓亭，是為皇帝演奏中西樂器之處，也稱音樂亭。

主樓正南有兩組弧形樓梯，樓梯前方是海棠形的噴水池。由樓梯而上可至二樓平台，二樓平台有琉璃欄杆和西式花紋琉璃欄板。平台兩旁還各擺放有一對西洋石獅。

諧奇趣殿內設有寶座，寶座後有照壁，皆為郎世寧設計。殿內的裝飾及陳設也都是西洋風格，如西洋羅鏡燈、掛鏡、天體儀、渾天儀、西洋琺瑯蓮花燈等。在殿內牆上掛滿了西洋進貢來的穿金銀線鞘銀柄劍等物品。乾隆五十八年（1793），英國使臣馬戛爾尼訪華，遞交了英王喬治三世送給乾隆皇帝的壽禮。這些禮品在正大光明殿呈請御覽後，大多數都擺放在西洋樓景區。其中西洋船模型、鵝頸玻璃燈等物品就擺放在諧奇趣內。另外，殿內還收藏有《西洋樓銅版圖》若干套。

△ 恩斯特・奧爾末（Ernst Ohlmer）1873 年拍攝的諧奇趣全景。此時諧奇趣主樓雖未完全坍塌，卻已荒廢，
　遊廊和八角樓亭損毀較為嚴重，海棠形噴水池似乎已經淤塞，長滿了雜草。

△ 奧爾末 1873 年拍攝的諧奇趣主樓南面，拍攝位置較前一張更近。由照片可見，主樓的屋頂已經坍塌，但建築主體受損並不嚴重，券口的雕花裝飾和樓梯欄杆基本完好。在照片中還可以看到一位西方人正站在二樓平台入口處。

△ 奧爾末 1873 年站在諧奇趣主樓南側樓梯上往東南拍攝，可見部分樓梯、遊廊和東側的八角樓亭。從圖上可見，遊廊是一組券門組成的廊橋，券門上方為洛可可式蔓草裝飾，券洞內原有雕花門，顯然無一幸存。

△ 奧爾末 1873 年在諧奇趣東側的小山上向西拍攝的主樓東部弧形平台遊廊，還可見諧奇趣主樓的東立面、西側的八角亭。

△ 奧爾末 1873 年拍攝的諧奇趣主樓北面及菊花形噴水池。水池已經破損，池中的噴水塔已經倒塌，四周雜草
　　叢生。

△ 英國人托馬斯・查爾德（thomas child）和法國人泰奧菲勒・皮瑞（A Théophile Piry，中文名帛黎）1877年初秋拍攝的諧奇趣北面照片。對比奧爾末在1873年拍攝的同角度照片可見，此時樓梯琉璃扶手已被破壞。1877年，托馬斯・查爾德和泰奧菲勒・皮瑞先後三次到西洋樓拍照。第一次是初秋，植被很多，冬天的時候他們又來了兩次。從二人的照片中可以看到，第三次拍攝的時候，西洋樓已經發生了很大變化。

△ 查爾德 1877 年初秋第一次來諧奇趣時，從東南方向拍攝的主樓照片。

△ 查爾德 1877 年第二次拍攝的諧奇趣南面，對比奧爾末在 1873 年的作品，此時樓梯琉璃扶手已被破壞殆盡。

△ 查爾德 1877 年第二次拍攝的諧奇趣主樓殘跡

△ 查爾德1877年拍攝的諧奇趣主樓東側的弧形平台遊廊照片，和1873年奧爾末的拍攝角度幾乎一樣。對比可見，平台遊廊因為位置較高，破壞得不是很大，只是個別細節有些變化。

△ 查爾德1877年第二次來到諧奇趣時拍攝的東南八角樓亭殘跡。此後僅僅不到5年時間，此亭就遭到更嚴重破壞。

△ 查爾德 1877 年第三次來到諧奇趣時，又補拍了一張主樓的西南角度照片。對比前兩次拍攝的照片可見，此時主樓三層的石刻已經明顯損壞。

△ 皮瑞 1877 年第一次來西洋樓遺址時，從西南方向拍攝的諧奇趣主樓和音樂亭全景。為了能將東西兩個
音樂亭都拍攝進去，拍攝位置距離主樓很遠。

△ 皮瑞 1877 年第一次拍攝的諧奇趣東八角樓亭和海棠形噴水池

△ 皮瑞 1877 年第一次來到西洋樓時拍攝的諧奇趣東側平台遊廊和八角樓亭

△ 皮瑞 1877 年第一次拍攝的諧奇趣西南八角樓亭

△ 皮瑞 1877 年第二次拍攝的諧奇趣西南八角樓亭

△ 皮瑞 1877 年第一次拍攝的諧奇趣主樓北側及樓梯

△ 皮瑞 1877 年第二次拍攝的諧奇趣主樓南側。他這次是和查爾德一起來的,所以兩個人的拍攝角度很接近。

△ 皮瑞 1877 年第二次拍攝的諧奇趣主樓北側及樓梯。雖然時隔第一次來諧奇趣的時間並不久，但從兩張照片可以看出主樓北側已經被破壞得很嚴重了，三層幾乎已經無存，二層的三個拱門僅剩下兩個，中間的拱門已經完全損毀。樓梯下方的精美磚雕也已經開始遺失。

△ 皮瑞 1877 年第一次來西洋樓景區時拍攝的線法門殘跡，這是目前已知拍攝時間最早的一張線法門舊照。照
　片可以清晰看到線法門一面為西式鐘樓，一面為中式亭子。如此設計，目的是不影響圓明園的中式景觀和
　西洋樓的西式景觀，起到很好的過渡效果。

△ 皮瑞 1877 年第二次拍攝的線法門殘跡。此時的線法門主體建築保存尚好，只是門上的西洋鐘已經不知下
　落。時為冬季，植被相對較少，所以線法門也顯得比第一次更加清晰。線法門是線法牆上的門樓，位於諧
　奇趣西南的線法橋上，西面是圓明園，東面是西洋樓，故其設計中西合璧。線法橋下則是五孔水閘，控制
　着圓明園和長春園的水流。

△ 推測是英國人查爾斯・弗雷德里克・摩爾（Charles Frederick Moore）1878 年前後拍攝的諧奇趣主樓東側
　弧形平台遊廊殘跡。對比 1877 年查爾德拍攝的同一角度照片，可見主樓頂部的石刻和北側的拱券都有進一
　步的破壞。

△ 謝滿祿 1882 年前後拍攝的諧奇趣主樓全景。此時的諧奇趣已經遭到嚴重破壞，原本三層的主樓被拆得僅剩
　下不到一層半，東西兩座八角樓亭也被拆毀。對比佩特斯 1900 年拍攝的諧奇趣，二者已經十分接近，說明
　其整體結構毀於 1900 年以前。

△ 謝滿祿 1882 年前後拍攝的諧奇趣主樓北側。此時的主樓被拆得只剩一層，已經面目全非。

△ 德軍軍醫佩特斯 1900 年底拍攝的諧奇趣殘跡。1900 年夏，八國聯軍攻佔北京，慈禧攜光緒帝等皇室貴戚
　逃往西安。圓明園遭受了滅頂之災，周邊的土匪、百姓及散兵游勇趁亂對這座皇家園林大肆劫掠破壞，不
　但將幸免於 1860 年之禍的木構建築全部拆毀，還將西洋樓的大量精美石刻拆卸販賣，到 1900 年底，整個
　西洋樓建築群已淪為一片廢墟。

△ 佩特斯 1900 年底和朋友們一起到諧奇趣遊覽時拍攝的照片

△ 丹麥人索弗斯・布萊克 1915 年拍攝的諧奇趣殘跡

△ 美國人卡爾・懷廷・畢士博（Carl Whiting Bishop）1915 年拍攝的諧奇趣東側殘跡

△ 畢士博 1915 年拍攝的諧奇趣北側殘跡

△ 畢士博 1915 年拍攝的諧奇趣殘跡全景

△ 1920年代初拍攝的諧奇趣殘跡全景。為了拍攝這張全景，攝影師已經站到了諧奇趣南面的山坡上。

△ 1920年代末拍攝的諧奇趣殘跡。對比前一張可以看出，此時諧奇趣北側蓄水樓的窗框石刻已被拆卸。

△ 美國人詹布魯恩 1920 年代初拍攝的諧奇趣西側殘跡

△ 詹布魯恩 1920 年代初拍攝的諧奇趣殘跡。從這張照片上還可以看到諧奇趣北面黃花陣花園門殘跡和黃花
　陣北面的小型蓄水樓殘跡。

△ 詹布魯恩 1920 年代初拍攝的諧奇趣主樓南側殘跡

△ 詹布魯恩 1920 年代初拍攝的諧奇趣東側殘跡

△ 德國人漢茨・馮・佩克哈墨爾（Heinz Von Perckhammer）1918 年前後拍攝的諧奇趣殘跡

△ 美國人西德尼・戴維・甘博（Sidney David Gamble）1919 年拍攝的諧奇趣遺址

△ 日本間諜島崎役治 1920 年代拍攝的諧奇趣殘跡，和喜仁龍拍攝的時間大體相當。

△ 喜仁龍 1922 年拍攝的諧奇趣殘跡

△ 喜仁龍 1922 年拍攝的諧奇趣南面二樓入口殘跡

△ 喜仁龍 1922 年拍攝的諧奇趣殘跡。照片中還可以看到諧奇趣北邊的黃花陣大門及遠處的小蓄水樓殘跡。

△ 喜仁龍 1922 年拍攝的諧奇趣東北面殘跡

△ 詹布魯恩 1920 年代末拍攝的諧奇趣西北面殘跡。對比前一張喜仁龍拍攝的照片，能明顯看到遺址被進一步破壞。

△ 1920 年代拍攝的諧奇趣遺址西面。此照片可以看到完整的線法牆。

△ 這兩張照片均是喜仁龍 1922 年拍攝的線法牆殘跡。對比皮瑞在 1876 年拍攝的照片,此時的線法門已經被
破壞得只剩一半。從這兩張照片上可以清晰看到,線法門是實心結構,只起裝飾作用而非可以出入的大門。

△ 喜仁龍 1922 年拍攝的諧奇趣八角樓亭殘跡，石柱上已有遊人的塗鴉。

△ 1930 年代末拍攝的諧奇趣西南八角亭殘跡。此時的諧奇趣已是一片瓦礫，有價值的石刻被拆除殆盡。

△ 1930 年代初期拍攝的諧奇趣殘跡。此時的諧奇趣已經被破壞得相當嚴重，其南側的牆體也已經崩塌。

△ 侯凡星拍攝的諧奇趣主樓北邊的菊花形噴水池。這是噴水池流散於民盟中央招待所花園（位於北京東城區
　翠花胡同）時的樣子，1987 年才回歸圓明園西洋樓原址復位。

△ 1920 年代拍攝的諧奇趣南面的西洋柱，有個小男孩靠在柱子上。

△ 諧奇趣原址上的西洋石柱

△ 諧奇趣原址上的西洋石柱及東側高大的牆體

△ 諧奇趣南面銅版畫

諧奇趣南面一

△ 諧奇趣北面銅版畫

諧奇趣北面二

迷宮　蓄水樓　養雀籠

在諧奇趣主樓西北建有供諧奇趣噴泉用水的供水樓，俗稱蓄水樓，樓內水源是從北面進水孔引入的。早年是由 3 匹騾子拉動水車往樓上提水，後因水車輪盤損壞而改用人工提水。

蓄水樓以西就是西洋樓景區西牆 —— 線法牆，前文提到的線法門，就坐落在線法牆南端的線法橋上。

在諧奇趣主樓北側和蓄水樓東側之間的位置，建有一處佔地約 1.5 萬平方米的長方形歐式迷宮，俗稱"黃花陣"或"萬花陣"。黃花陣是根據歐洲皇室花園中的迷宮仿建的，但組成迷宮圖案的不是修剪的灌木而是雕花青磚矮牆，牆高約 1.2 米，寬約 0.6 米，總長 1600 餘米，牆面鑲嵌卍字不到頭圖案。陣中心高台圓基上建有漢白玉製的西式涼亭。黃花陣四面都設有門可供進出，其中南面的西洋風格大門為黃花陣正門，正門內修有一座西洋石橋，過橋便進入黃花陣。黃花陣北門內建有一座西式小蓄水樓，樓高二層，有樓梯可上，樓前放置背馱寶瓶臥獅噴泉一對。在黃花陣北面小山上建有中式涼亭一座，坐在涼亭內可鳥瞰整個黃花陣迷宮的陣形。

養雀籠建成於乾隆二十四年（1759），位於黃花陣廣場東側，與西面的蓄水樓相對。養雀籠與線法門類似，是一座中西結合的建築，其朝西的一面很像中式牌樓，而朝東的一面則為歐式風格，中間為穿堂門，門洞南北兩側飼養了很多外邦進貢來的珍禽。朝東的歐式門樓平面呈八字形，中間券洞是鐵花門，兩邊券洞做成壁龕式，壁龕內雕花石座上有石雕寶瓶形噴泉，牆面用西式石雕柱裝飾，門樓頂上有石雕葫蘆式欄杆女牆，站在門樓上可一覽東路西洋樓景觀。在養雀籠東、西門外都設有小型噴水塔。養雀籠北側是庫房。

△ 奧爾末 1873 年拍攝的迷宮大門。此時大門保存還相當完好，透過門洞能隱約看到黃花陣中心的石亭。門下坐的是和奧爾末同遊的朋友，這也是奧爾末所拍攝的早期西洋樓照片中唯一一張有人物合影的。

△ 1873年拍攝的黃花陣西洋亭照片。這張照片雖然出現在奧爾末的相冊中，但並非奧爾末作品，
　應該是和他一起去西洋樓的人拍攝的。從照片上可以明顯看出，此亭並非純石質，和現在復建
　的亭子有很大差別。

△ 畢士博 1915 年拍攝的黃花陣殘跡。此時的黃花陣已是一片廢墟，只有遠處的小蓄水樓還殘存些許構件。

△ 查爾德 1877 年拍攝的養雀籠東面殘跡，也是迄今所見最早的一張養雀籠東面照片。從照片來看，養雀籠此時保存尚好。

△ 皮瑞 1877 年拍攝的養雀籠東面照片。照片中坐着一個西方人,後面有一個中國人。因為曝光時間長而人在
　移動的原因,照片拍得很詭異。

△ 推測是英國人摩爾 1878 年前後拍攝的養雀籠東面。對比此前查爾德拍攝的同角度照片，可以發現東門頂部
　已有破損。

△ 謝滿祿 1882 年前後拍攝的養雀籠東面。對比之前查爾德和摩爾的照片，此時的養雀籠東面已經遭到嚴重破壞，精美的石刻損毀殆盡。

△ 穆默 1901 年前後拍攝的養雀籠殘跡。建築頂部和四周荒草叢生，部分構件已呈坍塌之勢。

△ 圖 1 是美國人克拉倫斯・尤金・雷尼諾恩（Clarence Eugene Le Munyon）1902 年左右拍攝的養雀籠全景（圖 2 為其局部）。因為是全景，拍攝時間又較早，可以看到諧奇趣蓄水樓和迷宮小蓄水樓等建築。

△ 畢士博 1915 年拍攝的養雀籠東面殘跡

△ 畢士博拍攝的養雀籠東面殘跡，拍攝時間比前一張略晚，養雀籠的石柱已經被標註了數字。

△ 1920 年代初拍攝的養雀籠東面。仔細看會發現此時的養雀籠構件上被人塗鴉了很多文字。

△ 喜仁龍 1922 年拍攝的養雀籠東面殘跡。養雀籠門洞兩旁的壁龕內原有兩個小型寶瓶式噴泉，此時北面的那個已經遺失。

△ 喜仁龍 1922 年拍攝的透過養雀籠門洞遠望東面海晏堂。從照片可見，南面的線法牆尚
　保存完好。

△ 從迷宮蓄水樓方向拍攝的養雀籠西面殘跡。因為損毀嚴重,已很難看出其全貌。

△ 麻倫 1924 年拍攝的養雀籠。一群人為盜取石材，正在拆毀養雀籠。

△ 1927 年前後拍攝的養雀籠遺址。此時的養雀籠已經損毀嚴重，整體結構面臨倒塌，後被徹底拆除。

△ 1920年代，站在諧奇趣遺址北側，由西向東拍攝的養雀籠遺址。

△ 1940年代，由西向東拍攝的養雀籠遺址。此時的西洋樓乃至整個圓明園已經無人管理，淪為一片廢墟，石
　材盜運猖獗。照片中的養雀籠已經完全損毀，遠處的方外觀、海晏堂也遭到嚴重破坏。

△ 布萊克 1915 年拍攝的諧奇趣北面及蓄水樓

△ 詹布魯恩 1920 年代初拍攝的諧奇趣蓄水樓北面

△ 畢士博 1915 年拍攝的諧奇趣蓄水樓殘跡

△ 喜仁龍 1922 年拍攝的諧奇趣蓄水樓殘跡

花園正面 五

△ 黄花陣銅版畫

△ 蓄水樓銅版畫

△ 養雀籠銅版畫

△ 養雀籠西面銅版畫

方外觀　五竹亭

　　方外觀、五竹亭位於養雀籠東門外南北兩側，與東面的海晏堂及大水法等建築是同一時期修建的。

　　方外觀規模不大，上下兩層，各三間。樓基東西長16米，南北寬約10米，佔地約160平方米。主體為四根巨型石雕方柱，下層明間券門帶平台式門罩，兩次間為橢圓形石券窗，樓上三間為石券花窗，東西兩邊各開角門一座，可從樓外左右環形石梯直接登樓入室，大門和樓梯均用青銅製成，異常精美。

　　方外觀其實是一座清真寺，是乾隆皇帝為其維族妃子 —— 容妃（香妃）修建的。每周五容妃都要來此做禮拜，乾隆皇帝特意在宮內挑選四名即聰明又精通伊斯蘭教的人陪伴容妃禮拜。

　　為了與周圍其它建築協調和諧，方外觀因地就勢，坐北朝南，但其內部禮拜殿則是坐西朝東。方外觀主體建築貼面雕刻有阿拉伯文、維吾爾文組成的幾何圖案。法國人亞樂園（莫里斯·亞當）1920年代曾親自去長春園調查，並寫有《十八世紀耶穌會士所做圓明園工程考》。文中記載，方外觀內安放着兩塊伊斯蘭教的圓形石碑，上用阿拉伯文分別刻有"安拉愛奧斯曼，奧斯曼愛安拉"和"安拉愛阿里，阿里愛安拉"的字句。史載，先知穆罕默德歸真後，其事業先後由艾卜·伯克爾、歐麥爾、奧斯曼和阿里四大哈里發繼承（"哈里發"意即安拉使者的繼承人）。坐落在土耳其伊斯坦布爾的聖索菲亞教堂改為清真寺後，寺內就立有四大哈里發尊名的石碑，所以方外觀內也應該有四塊石碑才對。但亞樂園只說有第三任奧斯曼和第四任阿里的石碑，並沒有提到第一任艾卜·伯克爾與第二任歐麥爾，這顯然是不對的。之所以出現這種情況，可能是因為當時另外兩塊石碑已經丟失，再加上亞樂園本身對伊斯蘭文化知之甚少，想當然地認為方外觀只有兩塊石碑。遺憾的是，這四塊石碑至今下落不明。

　　方外觀正門外有西洋石橋，再往南與其相對的就是五竹亭。五竹亭是五座西洋式重簷亭，其枋、樑、檁為木構，外觀則全部由竹子構建而成，並用彩色玻璃鑲嵌，用貝殼裝飾。五竹亭最初位於諧奇趣北面，因高大而遮擋了風景，遂於乾隆三十五年（1770）遷移到此處。

△ 奧爾末 1873 年由東向西拍攝的方外觀殘跡。此時建築大體完好，能看到主樓兩側的環形台階上異常精美的
欄杆，屋頂似乎沒有受損，上方沒有光線射下來，二層室內很暗。方外觀的屋頂是重簷廡殿頂，從等級上
來說高於諧奇趣採用的單簷廡殿頂。

△ 1873 年拍攝的方外觀側面照。這張照片出現在奧爾末的相冊中，和前一張的拍攝角度正好相反，應該是與
奧爾末同去的人拍攝的。

△ 皮瑞 1877 年秋天第一次來到西洋樓時拍攝的方外觀殘跡

△ 皮瑞 1877 年冬天第二次來到西洋樓時拍攝的方外觀殘跡。對比上一張照片會發現，方外觀頂部等處構件已經有了新的損毀和遺失。

△ 皮瑞 1877 年冬天第二次來到西洋樓時拍攝的方外觀

△ 本頁兩圖是謝滿祿 1882 年前後拍攝的方外觀遺跡。此時的方外觀已經遭到嚴重破壞。

△ 八國聯軍的德軍隨軍攝影師 1900 年拍攝的方外觀

△ 畢士博 1915 年拍攝的方外觀全景。照片左邊是養雀籠,方外觀遺跡右後方還能隱約看到迷宮蓄水樓。

△ 畢士博於 1915 年近距離拍攝的方外觀

△ 畢士博於 1915 年拍攝的方外觀西洋石橋。此石橋後被燕京大學搬走,今存北京大學校園內。

△ 畢士博 1915 年拍攝方外觀時，給陸元純的孫子拍了一張照片。陸元純居住在海晏堂的東邊，平時種地，一旦有外國人來西洋樓，他就擔任導遊講解。

△ 詹布魯恩 1918 年前後拍攝的方外觀殘跡

△ 詹布魯恩 1918 年前後拍攝的方外觀殘跡

△ 1918 年前後拍攝的方外觀殘跡

△ 1918年前後拍攝的方外觀及西洋石橋殘跡。照片左下角坐着一位外國士兵在喝酒。

△ 甘博1919年拍攝的方外觀殘跡。石柱上已有塗鴉文字。

△ 詹布魯恩 1920 年前後拍攝的方外觀殘跡

△ 喜仁龍 1922 年拍攝的方外觀殘跡

◁ 喜仁龍 1922 年拍攝的方外觀殘跡

△ 約在 1917 年前後，站在海晏堂遺址上向西拍攝，從左（南）到右（北）依次是：諧奇趣、養雀籠、方外觀、
　迷宮蓄水樓。

△ 此照片與前一張的拍攝角度大致相同，只是拍攝時間略晚。

△ 1927 年前後拍攝的方外觀遺址。相比 10 年前甘博拍攝的照片，此時的方外觀已經損毀得十分嚴重了。

△▷ 圖 1、圖 2 是赫達・莫里遜（Hedda Morrison）1930 年代拍攝的方外觀遺址。此時的方外觀僅剩三根
立柱。

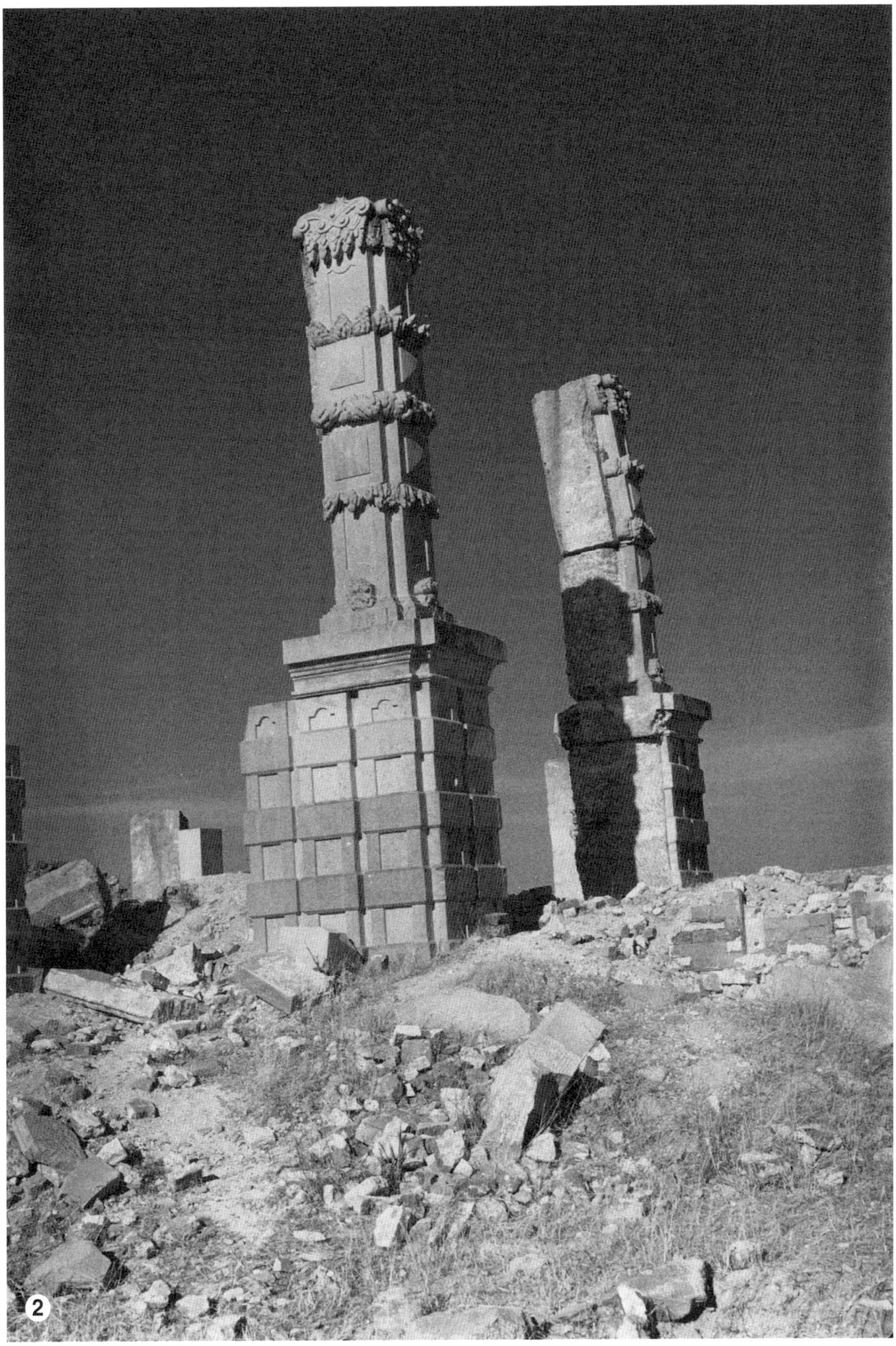
2

△ 蔣漢澄 1930 年代拍攝的方外觀

△ 1940 年代拍攝的方外觀

△ 1950年代初期拍攝的方外觀。除去地面厚厚的渣土外，和現在已經沒有甚麼差別了。

方外觀正面八

△ 方外觀銅版畫

▽ 方外觀阿拉伯文銘刻拓片

Inscriptions arabes du Fang-wai-koan
d'après des documents de l'époque, communiqués par J. Kin Hsiun

Ošman rzi Allah anǎ

Ali rzi Allah anǎ

海晏堂

海晏堂位於方外觀東面，建成於乾隆二十四年（1759），是西洋樓景區最大的一組建築。

海晏堂坐東朝西，兩層十一開間，結構對稱，大門位於二層正中，門前立噴水的石魚、石獅各一對。大門左右有對稱的弧形疊落石階數十級，沿石階可達一層。石階除裝飾西式漢白玉欄杆外，還設計了跌水（水扶梯），石魚、石獅噴出的水流沿跌水逐級跌落，流至樓前階下的噴水池。

海晏堂樓前的噴水池呈菱花形，池西的菱花形弧邊與弧形石階連為一體，形成合抱之勢，池中心有座圓形噴水塔，池東有一雕刻精美的巨型貝殼形番花，在石貝殼兩側，沿着水池的南北兩岸，"八"字形排列有十二尊青銅雕像。雕像均獸首人身，手捧玉笏，代表十二生肖和十二時辰，並按照十二時辰順序有規律地排列，北面從內至外依次是：丑牛、卯兔、巳蛇、未羊、酉雞、亥豬，南面從內到外依次是子鼠、寅虎、辰龍、午馬、申猴、戌狗。每個時辰（兩個小時），對應的銅像會自口中噴水，每到午時，所有雕像一起噴水，人們根據噴水的動物就可以知道大概時間，所以又俗稱"水力鐘"。

海晏堂噴水池有一點值得一說，在西方國家，噴泉一般為裸體人像，但在當時的中國，用裸體人雕像做為噴泉被認為是傷風敗俗、不能容忍的。郎世寧、蔣友仁在中國居住多年，顯然明白這些道理，所以才採用了中國人最熟悉的十二生肖。將民俗文化融入於西洋噴泉之中，是傳教士長居中國宮廷，深受中國文化薰陶的結果，也是中西方文化交融的成功範例。

海晏堂不僅外觀設計巧妙，內部也十分豪華。據史料和傳教士回憶錄記載，海晏堂內掛有乾隆御書"海晏堂"西式楠木金字橫匾。正殿內設有寶座兩張，上有皮花象牙蓆二塊。南樓下掛紫檀木雕西洋人物大掛屏一扇。其他房間內還陳設有西洋瓷花尊、西洋鐘錶、西洋瑪瑙餐具、玻璃鵝項燈等西式物品，大多是西方國家進獻給中國皇帝的禮物。

海晏堂後（東面）是一座"工"字形平台樓，是為噴泉提供水源的蓄水樓。這座蓄水樓從外表看起來是西式洋樓，但它是實心的，樓的下部是走廊，上部建有陽台，東門有盤旋石梯可登樓。樓上中心部位是一個東西長 27.36 米、南北寬 5.72 米、深 1.44 米的大水池，可容水約

180 噸，池底為防止漏水全部用錫板焊成，俗稱"錫海"。在蓄水樓內建有水車房，海晏堂剛建成時，為機械提水，後因水車損壞，國人又不會修理，只得改為人工提水上樓，勉強保障供水。

海晏堂南北兩面建有四個小型噴泉。北面兩個噴泉均為八角形水池，西邊的池裏有鐵製桂樹一株，樹下水中有兩隻銅猴，手托大印一枚在捅馬蜂窩，從水口噴射出來的水擊到樹上，形成群蜂飛舞、水花四濺的效果，俗稱"封（蜂）侯（猴）掛印"噴泉。東邊的池裏為一隻銅猴坐在四隻石雕山羊身上，手執一把雨傘，傘頂水口向上噴水，水落於傘面後暴雨般流下，俗稱"猴打傘"。海晏堂南面兩個小型噴泉與北面的造型完全一樣，只是位置互換。

△ 奧爾末 1873 年拍攝的海宴堂西面。此時其主體結構尚保存完好。

△ 奧爾末 1873 年拍攝的海晏堂西南角。從照片可見，其南面的線法牆基本保存完好。

△ 杳爾德 1877 年拍攝的海晏堂西部入口處殘跡。這張照片比奧爾末的拍攝角度要更近一些，可以看到海晏堂
　被毀後的大門及保存完好大貝殼。

△ 皮瑞 1877 年第一次來西洋樓時拍攝的海晏堂西面

△ 皮瑞 1877 年第二次來西洋樓時拍攝的海晏堂西部入口處殘跡。此時海晏堂頂部石刻已有明顯的破損。

△ 推測是皮瑞 1877 年第二次來西洋樓時拍攝的海晏堂西南角

△ 推測是皮瑞1877年第二次來西洋樓時拍攝的海晏堂一角

△ 推測是皮瑞 1877 年拍攝的海晏堂西噴水池背面照片。照片左上角（海晏堂西南）還能看到法慧寺琉璃塔的
　塔剎。

◁ 清末，一些西方人在海晏堂北面聚餐時的合影。當時，西方人一般會提前從城裏的餐館僱好廚師和傭人，由他們將準備好的食物運到指定地點，伺候僱主用餐。

△ 八國聯軍的德軍攝影師 1900 年拍攝的海晏堂西面全景照，還能看到南邊的線法牆。

◁ 卡爾·H·奧穆勒（Karl H Aumuller）1914 年拍攝的海晏堂西南側全景

△ 1915 年前後拍攝的海晏堂西噴水池

△ 甘博 1919 年拍攝的海晏堂西面全景照

△ 喜仁龍 1922 年近距離拍攝的海晏堂西噴水池

△ 喜仁龍 1922 年拍攝的海晏堂西北側

△ 佩克哈墨爾 1920 年代初拍攝的海晏堂西南側

△ 詹布魯恩 1920 年代初拍攝的海晏堂西面全景

△ 詹布魯恩於 1920 年代初拍攝的海晏堂西面局部

△ 詹布魯恩 1920 年代初近距離拍攝的海晏堂西面殘跡局部

△ 詹布魯恩 1920 年代初拍攝的海晏堂西面的弧形石階局部

△ 1920 年代拍攝的海晏堂西噴水池遺跡。照片中可以清晰看到還算完整的石雕大貝殼。

△ 穆默 1901 年前後拍攝的海晏堂蓄水樓遺跡

△ 德國漢學家弗里德里希・珀津斯基（Friedrich Perzynski）20世紀初拍攝的海晏堂全景

△ 民國早期拍攝的海晏堂蓄水樓遺跡。攝影師是站在海晏堂南面的山坡上由南向北拍攝的，此時海晏堂南面
　　的線法牆還很完整。

△ 1920 年代由西向東拍攝的海晏堂全景

△ 1920 年代末拍攝的海晏堂及蓄水樓遺址

△ 1920 年代拍攝的海晏堂蓄水樓遺址。這個位置是通往蓄水樓（錫海）的台階，此時尚保存完好。

△ 喜仁龍於 1922 年拍攝的海晏堂蓄水樓殘跡（東北角）

△ 喜仁龍於 1922 拍攝的海晏堂蓄水樓殘跡（西南角）

△ 喜仁龍於 1922 拍攝的海晏堂蓄水樓殘跡（東南角）

△ 佩克哈墨爾 1920 年代拍攝的海晏堂東部殘跡，這張照片此前從未公佈過。照片中的房子就是陸元純家，此
人一家常年在圓明園西洋樓遺址上居住，知道很多園子裏的故事，幾乎每位到西洋樓遊覽拍照的西方人都
願意請他當嚮導，這也是他重要的收入來源之一。

△ 1920 年代拍攝的海晏堂蓄水樓遺址

△ 1920 年代拍攝的海晏堂蓄水樓遺址

△ 1930年代初拍攝的海晏堂蓄水樓殘跡。民國時期，北平市政府曾一度對圓明園進行過管理，並派有專人看
　護，照片右下角的房子便是看護人的值班房。

△ 1930年代末期拍攝的海晏堂蓄水樓。"七七事變"爆發後，日本發動了全面侵華戰爭，北平市政府已經無
　心再對圓明園進行管理，便撤消了圓明園的管理機構，看護人值班房已廢棄。

△ 1920 年代末拍攝的海晏堂蓄水樓樓梯

△ 1927 年前後拍攝的海晏堂正面殘跡

△ 1930 年代末拍攝的海晏堂遺址。此時的海晏堂已經徹底損毀，除了水池中的石雕大貝殼，其它精美石刻被盜掠一空。

△ 莫里遜 1940 年拍攝的海晏堂西面水池殘跡。此時的海晏堂西面已經被拆的只剩下一個石雕貝殼和一堆殘石。

△ 莫里遜 1940 年拍攝的海晏堂西面石刻構件。這些歷盡劫難的石刻構件至今還完好地保存在原址上。

△ 本頁兩張照片和莫里遜 1940 年拍攝的照片時間很近，拍的是海晏堂的大貝殼等石刻構件。

△ 本頁兩張照片是莫里遜 1940 年拍攝的海晏堂蓄水樓殘跡。此時的蓄水樓已被毀壞殆盡，樓體雜草叢生。蓄水樓南面的線法牆 1920 年代還保存比較完整，此時也已被拆得乾乾淨淨，變成一條壕溝。

△ 這五張照片均係謝滿祿於 1880 年代拍攝,是目前發現的拍攝時間最早的海晏堂獸首照片。據
　謝滿祿後人保留的檔案可知,謝滿祿購買到了十二獸首中的鼠、牛、虎、兔、龍、馬、豬等
　七個獸首,但在運回國時豬首、兔首、鼠首遺失,只有牛首、虎首、馬首及龍首被帶回了法國。

△ 銅版畫—海晏堂西

海晏堂西面十

海晏堂東面 二十

△ 銅版畫—海晏堂東

△ 銅版畫—海晏堂南

△ 銅版畫—海晏堂北

大水法　遠瀛觀

大水法、觀水法景區位於海晏堂東，由大水法、觀水法及後來添建的遠瀛觀組成，佔地約 1 萬平方米。

"水法"意思就是水的戲法，也就是噴泉，大水法就是大噴泉的意思。大水法其實是一座雕刻有精美花紋的大理石大牌坊，牌坊中心有一巨型石龕，中券前邊有獅子頭噴水瀑布，形成七級水簾。前下方為橢圓形菊花式噴水池，池正中有一銅鑄的梅花鹿，其角分八杈，由角頂噴出八道水柱，射向空中，又散落下來流入水池。鹿兩側有十隻銅獵狗，從口中噴出水柱直射鹿身，俗稱"獵狗逐鹿"。在橢圓形噴水池前東西各建有一座十三級方型噴水塔，池底有大型噴水管八根，小型噴水管八十根，噴出的水柱高達六尺。

乾隆四十八年（1783），在大水法北面的高台上添建了一組建築 —— 遠瀛觀。遠瀛觀面闊五間，正中三間縮進，平面呈凹字形。正中三間為三層重簷廡殿頂，兩邊則是雙層簷鐘亭式樓頂。遠瀛觀門窗皆安有玻璃，前後券門上的橫披、兩次券的門扇、十六槽檻窗、四槽扇門口都是用高寬半尺多的方格玻璃鑲安而成，共安玻璃 1206 塊。

遠瀛觀有起支撐和裝飾作用的優質漢白玉石柱數十根，尤以大門前的兩根最為精美，柱頭、柱身刻有下垂式葡萄花紋，屬清代石刻之精品。大門前還擺有西洋石獅一對。遠瀛觀安裝有二十四個龍首形鑄銅出水口，下雨時，雨水從龍口中流出，十分壯觀。

遠瀛觀內部有房十七間，正殿掛有乾隆四十六年（1781）閏五月御書"遠瀛觀"西洋花邊玻璃心匾，匾兩旁掛有對聯一付。殿內牆壁裝飾大量西洋人物及風景通景畫，總面積超過 200 平方米。

遠瀛觀曾一度為容妃（香妃）寢宮，為博得容妃的歡心，乾隆皇帝特意為她量身定做了西洋式鍍金銅牀、西洋浴缸等家具。還擺放有西洋玩具、金銀器、琺瑯器等藝術珍品，連法國國王所贈的土耳其掛毯及英王喬治三世送的一架天文儀器 —— 天體運行儀也陳設在殿內。

△ 奧爾末 1873 年拍攝的大水法。此時大水法主體結構幾乎沒被破壞，精美石刻構建還在原地。

△ 奧爾末1873年拍攝的遠瀛觀。此時的遠瀛觀大門及內部已被大火焚毀，但主體結構基本完整。門前的石獅子已經沒有了下落，只有須彌座還在原地。

N⁰207. DOOR WAY. YUEN MING YUEN.

△ 查爾德1877年拍攝的遠瀛觀大門。對比奧爾末的照片可以發現，此時的遠瀛觀已有很大變化，最大的區別
　　是大門上方的雕刻已經無存。

△ 查爾德 1877 年近距離拍攝的遠瀛觀大門

△ 皮瑞 1877 年拍攝的遠瀛觀遺跡

△ 本頁兩張照片推測是皮瑞 1877 年拍攝的大水法遺跡

△ 謝滿祿 1882 年前後拍攝的海晏堂蓄水樓側面和大水法、觀水法廣場。此時，海晏堂蓄水樓的樓梯保存尚
　好，觀水法兩側的巴洛特大門已經被破壞，但構件仍在原址。

△ 謝滿祿 1882 年前後拍攝的大水法和遠瀛觀全景。這張照片和 1873 年奧爾末的拍攝角度幾乎一致，拍攝時間相隔也只有不到 10 年，但對比可見，此時的大水法和遠瀛觀已經被破壞得十分嚴重。

△ 穆默 1901 年前後拍攝的大水法、遠瀛觀遺跡

△ 奧穆勒 1914—1915 年間拍攝的大水法。照片中可見大水法右下角的一對石魚。

△ 奧穆勒 1914-1915 年間拍攝的遠瀛觀遺跡

△ 本頁兩圖是美國攝影師 1915 年前後拍攝的遠瀛觀及大水法遺址

△ 美國攝影師 1915 年前後拍攝的遠瀛觀遺址

△ 畢士博 1915 年站在海晏堂樓上拍攝的大水法、遠瀛觀全景。

∧ 麻倫 1917 年拍攝的的大水法石魚。不久後，這對石魚就被搬走，此後近 80 年時間裏，一直
　擺放在北京西單附近一戶人家的住宅內。2006 年底，圓明園管理處將其運回，現存圓明園展
　覽館。

△ 麻倫 1917 年拍攝的大水法殘跡。大水法右下角的石魚尚在原地。

△ 1916 年拍攝的遠瀛觀遺址

△ 1919年拍攝的大水法及遠瀛觀遺址全景。此時大水法右下角的石魚已經無存。

△ 詹布魯恩 1917 年拍攝的遠瀛觀及大水法全景

◁▽ 圖 1、2、3 是詹布魯恩 1919 年
　　拍攝的遠瀛觀

△ 詹布魯恩 1919 至 1920 年間拍攝的遠瀛觀，這次他選擇了在冬天拍攝，效果更好。

△ 甘博 1919 年拍攝的遠瀛觀遺址

△ 甘博 1919 年拍攝的大水法和遠瀛觀遺址

△ 喜仁龍 1922 年拍攝的大水法和遠瀛觀遺址

△ 喜仁龍 1922 年拍攝的大水法和遠瀛觀遺址

△ 喜仁龍 1922 年拍攝的遠瀛觀遺址

△ 喜仁龍 1922 年拍攝的遠瀛觀遺址側面局部

△ 喜仁龍 1922 年拍攝的遠瀛觀遺址側面局部

△ 1920 年前後拍攝的遠瀛觀遺址

△ 1920 年代初拍攝的遠瀛觀及大水法殘跡。洛克菲勒檔案中心藏品。

△ 1930年代拍攝的遠瀛觀局部殘跡。洛克菲勒檔案中心藏品。

△ 1920年代初拍攝的大水法及遠瀛觀全景照片。攝影師是站在澤蘭堂的遺址上由南向北拍攝的。

△ 大水法和遠瀛觀殘跡。這張照片的拍攝時間比前幾張要晚一些，對比甘博和喜仁龍同角度的照片可以發現遠瀛觀西南角磚石已開始遺失。

△ 1927 年前後拍攝的遠瀛觀遺址。對比喜仁龍 1922 年拍攝的同角度照片可見，此時的遠瀛觀遭到進一步破壞。

△ 1930 年代拍攝的大水法、遠瀛觀遺跡。民國時期，經常有文化學者到西洋樓參觀弔唁，照片中合影的四人
　或即屬此類。

△ 1930 年代拍攝的大水法和遠瀛觀遺跡

△ 本頁兩圖為 1940 年代拍攝的大水法及遠瀛觀遺跡。此時的大水法及遠瀛觀已經被拆得只剩下主體構件，磚石盪然無存。

△ 1940 年代拍攝的大水法及遠瀛觀遺跡

△ 1940 年代拍攝的大水法及遠瀛觀遺跡

△ 1940 年代末拍攝的大水法及遠瀛觀遺跡

△ 1940 年代末拍攝的大水法及遠瀛觀遺跡

△ 1940 年代末拍攝的大水法及遠瀛觀遺跡

△▷ 圖 1、2、3 是 1949 年以後拍攝的大水法、遠瀛觀遺跡。從圖 3 細節看，此時遠瀛觀石門東面的門楣尚有連接，後在 1976 年唐山地震中開裂。

大水法正面 五

△ 大水法銅版畫

△ 遠瀛觀銅版畫

十四 遠瀛觀正面

觀水法

在大水法正南的觀水法是皇帝欣賞大水法噴泉的地方。觀水法全部用白色大理石建成，地面起五層石階的平台，台的正中設有寶座，寶座坐南朝北，兩側的扶手上各有一展翅欲飛、回首相望的銅鑄仙鶴，一根銅杆橫架於寶座之上，兩端分別啣在仙鶴口中，杆上飾五色琉璃六棱流蘇。由寶座靠背拉黃綢至銅杆，形成一個一尺五長的小涼棚，覆蓋於寶座之上，皇帝在此欣賞噴泉美景，既不失威儀又可防曬。

在寶座的後面，建有一座高大的大理石屏風，屏風共五扇，屏心分別雕刻西洋軍旗、甲冑、刀劍、槍炮圖案。屏風東西兩側各立漢白玉方塔一座，在漢白玉塔的兩側各有一座巴洛克式石門，這是帝后進入西洋樓景區的主要入口，出此門可到長春園澤蘭堂。

1860 年英法聯軍焚毀圓明園時，石屏風並未遭到破壞。到了 1920 年代中期，石屏風的屏心構件被宣統皇帝的叔叔載濤拆卸，存放於自己的花園朗潤園。但載濤只卸走了五個屏心，屏風的其他構件則留在原地，並在隨後的歲月裏損毀。後來，朗潤園先是出租給燕京大學，後又售於北京大學，這些構件就一直存放於朗潤園內長達半個世紀之久。直到 1977 年，經過協商，北京大學才將其歸還圓明園，這也是圓明園罹難近 120 年來第一次有石刻回歸。由於屏風其他構件已毀，只能將五個石刻屏心豎立在觀水法原址上至今。

△ 奧爾末 1873 年拍攝的觀水法。西面的巴洛克式門隱約可見。

△ 查爾德 1877 年拍攝的觀水法巴洛克式門。此後不久，此門便被拆毀。

△ 已被拆毀的巴洛克式門。對比查爾德拍攝的照片，其破壞程度一目了然。

△ 謝滿祿 1882 年前後拍攝的觀水法。此時觀水法最上面的石刻構件已被拆毀。

△ 1918 年前後拍攝的觀水法石屏風

△ 甘博 1919 年拍攝的觀水法

Tablets in Old Summer Palace

788

①

△▽ 圖 1、2、3 這三張照片是詹布魯恩拍攝的觀水法石刻細節，拍攝時間約在 1920 年代初。

Tablets in Old Summer Palace. 789

②

Table To in Old Summer Pal.

790

△ 觀水法石屏風被拆毀前的最後影像

△ 透過大水法拍攝的觀水法。此時，石屏風的屏心雕刻已被拆走，只剩殘件。

△ 觀水法石屏風回歸原位後的照片

△ 觀水法銅版畫

線法山
方河　線法畫

線法山位於大水法東面，二者之間隔了一座四柱三間西洋牌樓。牌樓中間大門為圓券式，兩旁小門則為方券式。

線法山是一座人工堆成的土山，高約 8 米，佔地 6500 平方米。山的四面均有五尺寬的盤山道蜿蜒而上直到山頂，道旁砌有黃綠二色琉璃矮牆。因為當年乾隆皇帝喜歡騎馬順山道盤旋而上，此路又迂迴曲折給人一種半天也走不到頭的感覺，所以俗稱"轉馬台"。在山頂建有一座雙簷八角四券西式涼亭，站在亭內向西可俯視大水法、遠瀛觀，向東則可遠眺方河及線法畫。

在線法山的東面也修建有一座西洋式牌樓，時稱"螺螄牌樓"，與西面的牌樓相呼應。此牌樓呈三個弓形，中間大門為圓券式，兩旁小門為方券式。正中圓券上簷雕刻有哈喇雲加

蕃草，還雕有軍鼓、軍旗六面，兩側方券門上簷有石刻花瓶，並配以軍鼓、刀箭裝飾。

在螺螄牌樓東面，開鑿了一條東西長 144 米，南北寬 50 米的人工河，名曰"方河"。方河兩岸用整齊的條石築成，泉水通過暗管從獅子林流入。從螺螄牌樓至長春園東牆全長為 259.2 米。

方河東岸是七道左右對稱的"八"字狀斷牆，稱線法畫。牆上掛着反映意大利威尼斯水鄉街景的油畫。這些油畫可以隨時更換，在線法畫最東面的南北兩角建有兩個庫房，每次換下來的油畫就存放於此。乾隆的寵妃容妃是西北回部人，經常思念自己的家鄉。據說乾隆為討好她，還曾在這裏掛過反映新疆阿克蘇地區街市的景色，容妃一但思念故鄉，就可以站在線法山向東望，就像看到自己家鄉一樣。

▷ 摩爾 1878 年拍攝的線法山八角四券西洋亭

△ 摩爾 1878 年拍攝的線法山西門

△ 摩爾 1878 年拍攝的線法山東門

△▷ 本頁兩圖是謝滿祿 1882 年前後拍攝
的線法山西門。照片中能清晰看到
線法山上的八角洋亭尚未完全毀壞。

△ 布萊克 1915 年拍攝的線法山東門。此時東門的方形門券保存尚好，線法山山頂的西洋亭殘跡隱約可見。

△ 布萊克 1915 年站在線法山上拍攝的線法山西門。遠處可望見觀水法、海晏堂、大水法、遠瀛觀。

△ 約 1920 年代，站在線法山上向西拍攝的照片。照片從左（南）向右（北）依次是觀水法、海晏堂、大水法、
遠瀛觀，靠近攝影師的這兩座拱門殘跡就是線法山西門。

◁ 麻倫 1920 年拍攝的線法畫。此時線法畫還有遺跡可尋，這也是現存唯一一張線法畫舊照。

△ 線法山正面銅版畫

△ 線法山西門銅版畫

△ 線法山東門銅版畫

線法山東門九

△ 線法山東門局部特寫銅版畫

△ 線法畫銅版畫

拍攝過"三山五園"的著名攝影師

　　"攝影"一詞源於希臘語，意思是"以光線繪圖"。攝影是指使用某種專門設備進行影像記錄的過程，一般我們使用機械照相機或者數碼照相機進行攝影。有時攝影也會被稱為照相，也就是通過物體所反射的光線使感光介質曝光的過程。世界上現存最早的一張照片可以追溯至 1827 年，出自法國人約瑟夫・尼埃普斯之手。北京第一張照片是咸豐十年 (1860) 英法聯軍侵華時的隨軍攝影師費利斯・比托 (Felice A Beato) 拍攝的。

　　"三山五園"是對北京西郊一帶皇家行宮苑園的總稱，"三山"分別是指：萬壽山、香山、玉泉山；"五園"則是指：圓明園、暢春園、清漪園、靜明園、靜宜園。"三山五園"的第一張照片也是英法聯軍的隨軍攝影師費利斯・比托拍攝的。從 1860 年到 1949 年，有大量的西方攝影師進入三山五園地區拍攝，按拍攝照片的數量和質量，本文挑選出了 21 位較為出色者，在此略作介紹。

費利斯・比托

費利斯・比托（Felice A Beato，1832–1909 年），生於威尼斯，後隨父母遷往同屬威尼斯共和國的科孚島（今屬希臘）。當時，大英帝國是威尼斯共和國的保護國，比托因此也成了英國人，比托的父親在英國領事館工作。1844 年，比托全家搬到奧斯曼土耳其帝國首都伊斯坦布爾。1851 年，比托進入姐夫詹姆斯・羅伯森的照相館工作，逐漸熟習攝影。1860 年 2 月，英法聯軍再度挑起侵華戰爭，比托作為隨軍攝影記者，跟隨英國遠征軍陸軍司令克靈頓從印度加爾各答登船，一個月之後到達香港。

在香港和廣州的時候，比托拍攝了不少中國南方地區的風景照片。1860 年 8 月底，英法聯軍攻陷大沽炮台，比托拍攝了大量大沽炮台陷落後尚未清理戰場的照片，他也成為最早用相機記錄中國戰爭的攝影師。隨後，比托繼續跟隨英法聯軍行動，一直打到北京郊外的通州縣城，並參加了八里橋之戰。最後，他隨聯軍佔領了圓明園。這一路之上，他拍攝了通州的燃燈塔、八里橋、佛手公主墳、西黃寺塔、內城東北角樓及安定門城樓等多處的照片。

在英法聯軍佔領西郊皇家園林的日子裏，比托拍攝了大量皇家園林未毀前的照片，目前已經發現的有清漪園被毀前的文昌閣、曇花閣、智慧海、萬壽山後山琉璃塔等。在皇家園林被大火焚毀後，比托又用相機記錄了英法聯軍代表與清政府談判及簽字的珍貴影像。在談判期間和結束後，比托又與部分英法聯軍高級軍官一起登上北京內城城牆，遊覽了皇城禁地，拍攝了雍和宮、天安門、午門、景山、北海陟山門街、大高玄殿前習禮亭及部分北京城區街道等等，不但成為記錄晚清北京城的珍貴影像，也使得比托成為用相機拍攝北京城的第一人。另外值得一提的是，比托還為恭親王奕訢、英軍統帥額爾金、法軍統帥孟托班、英軍將領格蘭特等雙方高官拍攝了照片，為後人留下了寶貴資料。

1863 年 7 月，比托在日本橫濱定居。第二年又跟沃格曼合夥開了一家以繪畫和攝影為主要業務的公司。但極為可惜的是，在 1866 年 10 月 26 日的一次橫濱大火中，比托的早期日本攝影作品底片以及他在印度、中國的大量攝影作品均被焚毀。所幸，在此前的 1861 年 11 月，比托將一本集有 85 張照片的相冊帶到了倫敦，並將它賣給了一個名叫亨利・赫林的肖像畫畫家兼商人。亨利・赫林複製了這些照片，並將它們跟比托在印度所拍攝的部分照片一起做成了圖錄，從 1862 年夏天開始接受訂購。有一對名叫邁克爾・威爾遜和簡・威爾遜的夫婦訂購了一套比托的中國照片相冊，並將其完好地保存了下來。這些就是我們現在所能見到的比托拍攝的西郊園林及北京城的早期照片。

最近幾年，世界各地又發現了少量被推測為比托作品的照片。據分析，這些照片應該是當年比托在中國拍攝後，作為紀念品零散地賣給一些英法聯軍官兵，從而流散出去的。

1887 年，比托前往緬甸，此時他身上只剩下 10 英鎊，只好一邊旅行一邊拍照片銷售。

到 1894 年，他累積了足夠的資本，在曼德勒（緬甸著名的旅遊景點，是外國遊客必去之地）開了家照相館，生意極好。後來，他又開了一家古董店，最多時僱用了 800 多名工人。

1903 年，比托結束了在緬甸的生意，回到佛羅倫薩，1909 年 1 月 9 日病逝。

恩斯特·奧爾末

恩斯特·奧爾末（Ernst Ohlmer，1847–1927 年），出生於漢諾威王國（今屬德國）希爾德斯海姆附近的伯瑟恩，是一名旅館老闆的長子。十幾歲時，他加入一支商船隊前往中國淘金，不幸的是他的船在中國海岸失事，他便留在中國東南沿海地區。1867 年前後，他在廈門開設了一家照相館，以專業攝影師的身份在這片新的土地上開始了職業生涯。不久後的 1868 年 5 月，他進入大清廈門海關工作，並按照海關職員的慣例起了個中文名字"阿理文"。在接下來的 46 年裏，他一直供職於中國的海關，從廈門到北京、廣東、青島，職位漸獲提升。1914 年退休後，他與妻子一起返回德國老家，直到逝世。1867–1879 年前後，奧爾末曾旅居北京，在京期間，他與朋友到圓明園西洋樓遊覽並拍了不少照片。這也是目前為止發現的拍攝時間最早的圓明園西洋樓殘跡照片。

奧爾末去世後，他的遺孀路易斯·馮·漢娜根（Louise von Hanneken）將圓明園西洋樓的底片交給了在柏林工科大學教授建築學的柏石曼。1929 年，一位名叫滕固的中國青年赴德國留學，學習美術史。在德期間他得知柏石曼藏有一組圓明園西洋樓早期的底片，"乃請使館備函往訪，布氏（柏石曼）果出示照片十二幀暨平面圖一幀，乃圓明園東長春園毀後未久時所攝也。"在這幅由奧爾末親手繪製的西洋樓景區平面圖上，標註了他拍攝照片的位置和角度，並註有繪製日期：1873 年 11 月。由此可知，最晚在此時，這組照片就已經拍攝完成了。經過幾番努力，柏石曼終於允許滕固將這批照片出版發行。1933 年，由商務印書館出版了《圓明園歐式宮殿殘跡》一書。此書開本為 22.5 釐米 ×27 釐米，共收錄圖像 15幅，以及滕固根據奧爾末手稿繪製的西洋樓景區平面圖。這本書為後人研究西洋樓建築提供了寶貴的資料。這批底片則一直由柏石曼妥善保管，直到他去世。1987 年，他的孫子將其出售給一位法國收藏家，2010 年又被台灣收藏家購得。

賴阿芳

賴阿芳（Lai-Afong，又譯黎阿芳或黎阿洪，約 1839–1890 年），祖籍廣東高明，太平天國時期（1851–1864 年）來到香港避亂。

1859 年，賴阿芳在香港皇后大道開設了攝影店，經常同外國攝影師結伴攝影，並因此結識了很多當時著名的攝影師。賴阿芳的攝影技術高超，無論是取材、造型，還是照片質量，都不遜於當時的歐美同行，為他在攝影圈帶來很高的聲響，英國著名攝影師約翰·湯姆森就曾在書裏特別讚賞過他。

1874 年 4 月賴阿芳的"華芳照相館"成立，照片都以"AFong"署名後出售。一時間，"華芳照相館"顧客盈門，上門照相的人非富即貴，甚至於許多來香港的外國人都會慕名來找賴阿芳拍照。後來，賴阿芳的照相館還僱用了外國攝影師，其中就包括瑞斯菲爾德和格里菲斯等人。不過，這些人後來也開了自己的照相館，成了賴阿芳的競爭對手。當時"華芳照相館"之所以門庭若市，除了攝影技術高超之外，還因為賴阿芳有商業頭腦。為了跟西方攝影師搶生意，從 1860 年代開始，他頻繁在當地的外文媒體上刊登廣告，還在店中出售諸如煙斗之類的小商品，並在廣告中詳細推介。在提供同樣檔次的攝影服務時，其價格也低於西方攝影師。

1879 年，賴阿芳來到北京取景拍照（也可能是他僱傭攝影師來北京拍照，他買斷版權，最後以"AFong"的名義出售照片）。在京期間，他來到西郊的清漪園和圓明園遺址，拍下了十分珍貴的影像，其中就包括圓明園廓然大公景區的規月橋及雙鶴齋大殿等建築，這也是目前為止發現的最早的圓明園木構建築遺存照片。根據英國人泰瑞編著的《中國攝影史》統計，賴阿芳在京期間拍攝了至少 113 張照片，而且這些照片都有編號，其中 912 號是圓明園兩峰插雲，913–915 號是圓明園廓然大公。

1883 年賴阿芳申請英國國籍，得到了時任港督包文爵的批准。1890 年 4 月 19 日，賴阿芳因中風去世。當時香港《孖剌西報》的一則新聞中提到了他去世的消息。大致內容是："香港著名攝影師 Lai Afong 週六晚因中風去世，終年 51 歲。"由此推斷其生於 1839 年。

托馬斯・查爾德

托馬斯・查爾德（thomas child，1841–1898），生於英國什羅普郡的一個工程師家庭。他在倫敦當過工科老師，直至 1869 年才成為一名非職業的攝影師。1870 年 5 月，他面試成功，得到了大清海關總稅務司駐京燃氣工程師的工作，合同為期五年。除了海關正式工作的薪金外，查爾德幫外僑朋友們維修機械也掙了不少錢。1874 年，他的妻子和三個孩子也來到了北京。1889 年，一家返回英格蘭，次年，他從中國海關正式退休，定居倫敦南部。1898 年 5 月 27 日，查爾德因為馬車事故骨折而去世。

托馬斯・查爾德在北京生活了近 20 年，拍攝了 200 多張北京地區的建築和人文照片。特別是留下了不少冬天拍攝的圓明園西洋樓遺址的照片，由於冬天植被較少，環境相對空曠，建築結構更清晰，為研究西洋樓建築提供了寶貴的依據。托馬斯・查爾德拍攝的圓明園遺址照片還有一個特點，就是每張照片都有他的簽名、編號和拍攝時間，這對於我們今天研究影像史也頗有意義。

此外，從攝影技術角度來看，查爾德使用的濕版火膠棉攝影術（wet plate collodion process）運用起來十分複雜，通常只有一些極為出色的攝影家才會採用這一技術。

泰奧菲勒・皮瑞

泰奧菲勒・皮瑞（A Théophile Piry，1851–1918，中文名帛黎），出生於法國南特一個工人家庭，1874年進入中國海關工作，曾任中國海關郵政總辦。皮瑞在中國工作了41年，曾多次前往圓明園西洋樓景區，並拍攝了大量照片。這些照片的時間跨度很長（從19世紀末直到20世紀初），對研究西洋樓建築的變遷有着重要的參考價值。

1877年，皮瑞在西洋樓遺址拍攝了一張諧奇趣主樓和音樂亭全景照片，為了能將諧奇趣東西兩個音樂亭都拍攝進去，他的拍攝位置距離諧奇趣很遠。可能是因為此時植被較多，拍攝效果不很理想。後來，皮瑞和查爾德一起，在冬季植被較少的時候又前往西洋樓拍照。這次兩人拍攝了很多西洋樓殘跡照片，角度十分相似。雖然皮瑞兩次到訪西洋樓的時間間隔不長，但還是可以從兩次拍攝的照片中看到西洋樓在逐步遭到破壞，這對研究西洋樓在1870年代的破壞程度有很重要的參考價值。

查爾斯・弗雷德里克・摩爾

查爾斯・弗雷德里克・摩爾（Charles Frederick Moore，1838–1916），出生於英格蘭的曼徹斯特。摩爾年輕時的經歷鮮為人知，後人所了解的，更多是他在英國殖民地的工作和生活經歷。1860年，摩爾開始在香港的英國殖民地政府糧食部任職。1861年前後，摩爾隸屬於戈登（Charles George Gordon）組建的"洋槍隊"，這是一支被稱為"常勝軍"的中外混編的武裝力量，主要負責協助清軍平定太平天國運動，曾經攻陷過包括蘇州、常州在內的很多被太平軍控制的重鎮。在洋槍隊期間，摩爾參與了對太平軍的幾次戰爭，包括寧波鎮海城、餘姚城的戰鬥。1864年的秋天，摩爾還參觀了已經被湘軍攻陷的太平天國首都天京（南京）。在此期間，他拍攝了反映太平天國運動的一些照片。

摩爾於1868年3月23日在北京的英國駐華公使館與Bibianne Yii女士結婚。在北京期間，他拍攝了包括圓明園西洋樓在內的大量照片，拍攝時間大概是1879–1884年之間，與法國人謝滿祿拍攝時間比較接近。

摩爾和他的家人於1885年抵達加拿大的英屬哥倫比亞省，並於同年12月4日以中國移民身份在聯邦總登記局註冊。最終，摩爾在英屬哥倫比亞最高法院首席大法官比格爾爵士身邊找到了一份永久秘書的職位。1916年6月21日摩爾在加拿大去世。

定居加拿大後，摩爾將他在中國的經歷寫了一本書，名為《四分之一世紀在中國 —— 一個維多利亞人和"中國的戈登"在絢爛國度的經歷》。

約翰・湯姆森

約翰・湯姆森（John Thomson，1837–1921），生於英國愛丁堡，他不但是最早的旅行攝影師之一，還是位傑出的中國問題專家。

起初，湯姆森只是一位光學和科學儀器製造商的學徒，他抽出時間在愛丁堡藝術學校學習，並獲得學位。1862年至1872年間，湯姆森遍遊了包括柬埔寨、中國在內的遠東地區，拍攝了大量反映當地風土人情的照片。在北京期間，他通過丁韙良的介紹，認識了總理衙門的很多高官，其中就包括恭親王奕訢。也正是因為這層關係，湯姆森被批准在西郊皇家園林內拍照。藉此機會，他拍攝了大量毀後荒廢多年的清漪園（頤和園的前身）照片，為今日研究清漪園的歷史變遷提供了直接依據。

羅伯特·德·賽瑪耶伯爵

羅伯特·德·賽瑪耶伯爵（Comte Robert de Semallé，1849-1936，中文名謝滿祿）。謝滿祿1880年8月以法國公使館秘書的身份來到北京，曾任秘書、代辦等職。在北京居住的四年間，謝滿祿拍攝過石景山金閣寺、八大處、香山靜宜園、圓明園等大量歷史古跡的照片，其中以圓明園木構建築照片最為珍貴，這些木構建築躲過了1860年的大火，卻沒能躲過後來的幾番劫難，最終在1900年被徹底破壞。可以這樣說，謝滿祿是目前已知的拍攝過圓明園木構建築在1900年被徹底破壞前樣貌最多的一位攝影師，也是目前已知對圓明園遺址拍過照片的攝影師中身份地位最高的。

回到法國後，謝滿祿於1933年出版了《北京四年回憶錄》（Quatre ans a Pékin,aout 1880-aout1884），記載了他在華期間的經歷，其中包括1884年中法戰爭期間，他作為法方外交人員與清廷的交涉和談判等親身經歷，具有較為重要的史料價值。

喬治·克萊門斯·佩特斯

喬治·克萊門斯·佩特斯（Georg Clemens Perthes，1869-1927），出生於德國，父親是一位教師，母親是一名普通的家庭主婦，不幸死於肺結核。經由親友介紹，佩特斯成為當時骨科權威 Trendelenburg 的學生。從醫之後，他於1900年作為侵華德軍的軍醫來華。也正因為這次中國之行，佩特斯開始對盛行於中國的肺結核進行深入的研究。此外，他還是兒童股骨頭壞死病最早的發現者之一，至今，兒童股骨頭壞死病（兒童股骨頭骨骺缺血性壞死）仍然又被稱為 "Perthes 病"。

在北京逗留期間，佩特斯和一些德國軍人遊覽了長春園遺跡和頤和園，拍攝了不少珍貴照片，尤以長春園法慧寺琉璃塔的影像最為珍貴，這張照片對研究該塔的具體毀壞時間有重要參考價值。

佩特斯在華期間寫的日記於1903年在德國出版，書名為《中國來信》（德文書名 Briefe aus China，英文書名 Letters from China），書中收錄了不少頤和園和長春園1900年前後的老照片，為後人的研究工作提供了重要參考資料。

阿爾方斯·穆默·馮·施瓦茨恩斯坦茨

阿爾方斯·穆默·馮·施瓦茨恩斯坦茨

（Alfons Mumm von Schwarzenstein，1859-1924），出生於法蘭克福一個富商和外交官家庭。1885 年 7 月開始他的外交官生涯。1900 年初義和團運動掀起排外浪潮，6 月 20 日德國公使克林德在北京被槍殺，成為八國聯軍侵華的導火索之一。德國皇帝威廉二世派遣遠征軍赴華作戰，穆默就在此時隨同德國兵船"普魯士號"抵達中國，繼任駐華公使。

穆默是一個頭腦冷靜的外交官，雖受命於德國皇帝，並始終堅守着德國的立場，但他對中國一直有着自己的見解和思考。是以外交途徑解決庚子事變，促成《辛丑條約》簽訂的核心人物。在《辛丑條約》簽訂以後，他曾說到："我們提出了不合理的要求，我們的要求得到了滿足。"他對部下說，歐洲人對於中國的印象，在絕大部分程度上是大錯特錯的。

1902 年，穆默在柏林出版了《圖像中國日記》（Ein Tagebuch in Bildern），書中收錄了 600 多張照片，均攝於八國聯軍侵華期間，集中反映了在此次中國近代史上最為重要的事變中，各國在軍事、外交等方面的活動。此外還包括很多北京、天津、承德的名勝古跡以及清東陵的照片，多是這些古跡最早甚至是僅有的圖像資料。在出版前言裏，穆默指出，他出版此影集是為了讓他的朋友、親屬和同事，通過這些照片，對遙遠的中國有一個直觀的了解。

書中收錄了一張圓明園廓然大公規月橋被毀後的照片，拍攝角度與賴阿芳的照片很相似，拍攝時間是在 1901 年前後，這也是目前發現的唯一一組圓明園木構建築被毀前後的對比照，為研究庚子事變前後圓明園的破壞程度提供了最直接的參考依據。

斯提芬・帕瑟

斯提芬・帕瑟是阿爾伯・肯恩（Albert Kahn，1860-1940）聘請的攝影師。肯恩出生於法國東部阿爾薩斯省一個買賣牲畜的猶太人家庭，靠自學進修而成為法國金融界巨子。在事業達到顛峰的時候，肯恩以他敏銳的洞察力和感悟力認識到世界將面臨着巨大的變革，他預言："20 世紀將是世界上文化巨大變動的重要時期。"他要趕在這巨變發生之前，將這種歷史性的客觀存在真實地紀錄下來。為此，他於 1909 年成立環球基金會，建立"地球檔案"，資助法國大學和中學的年輕教師以及師範院校的大學畢業生環遊世界，了解和記錄各國社會和政治生活。

肯恩本人也於此時開啓了環球之旅。在周遊世界之前，他對私人司機阿爾費德・杜帖特（Alfred Dutertre）進行了攝影和沖洗技術的培訓。1909 年的 1 月 15 日至 2 月 6 日，肯恩來到中國。他在中國拍了 1000 多張照片，其中包括大量的北京城區的老照片。不過肯恩等人沒能進入西郊的皇家園林拍攝，只拍了暢春園東北角的恩佑寺、恩慕寺及正覺寺山門。1912 年，肯恩聘請斯提芬・帕瑟（Stephane Passet，1875—？）為"攝影操作員"，參與"地球檔案"工作。隨後，他又讓帕瑟於 1912 年至 1913 年再次來到中國各地拍照。前後兩次共在中國拍得黑白片 1111 張、彩色片 655 張。其中，帕瑟於 1913 年 5 月 3 日和 6 月 29 日兩次來到頤和園拍攝彩色正片 54 張，6 月 27 日拍攝靜宜園 3 張、碧雲寺 26 張，7 月 9 日拍靜明園 16 張。帕瑟拍攝的這批西郊皇家園林彩色正片是目前已知最早的北京西郊皇家園林老照片，當時彩色攝影技術剛發明不久，器材價格昂貴，屬於一般攝影者無力消費的奢侈品。幸有肯恩的支持，才使得我們今年能夠更直接、更準確地了解 20 世紀初期西郊皇家園林的景色，也為這一地區的研究提供了珍貴資料。

1934 年，肯恩破產。1936 年，法國上塞納省收購了其包括"地球檔案"在內的產業。1986 年建立了阿爾伯‧肯恩博物館。

克拉倫斯‧尤金‧雷尼諾恩

克拉倫斯‧尤金‧雷尼諾恩 (Clarence Eugene Le Munyon，1860-1929)，生於美國紐約州。年輕時曾是大北方鐵路的一位職業攝影師，庚子事變中隨美軍來到北京。1902 年，他在香港開設照相館，經營從紐約進口的照相器材。1920 年代初，雷尼諾恩來到北京經營照相館，在北京生活了將近 10 年的時間，直到 1929 年 4 月 21 日病逝於此。

雷尼諾恩的攝影作品風格復古，且擅長對照片進行手工上色，其中不乏經典之作。他曾經拍攝過一張養雀籠東面的全景照，極為珍貴。

索弗斯‧布萊克

索弗斯‧布萊克 (Sophus Black，1882-

1960)，出生於丹麥馬斯塔爾。在《丹麥傳記百科全書》中，他被分列兩個詞條，分別是電報管理者和收藏家。這是因為他曾在 1902 到 1931 年間就職於北歐電報公司 (Stora Nordisk Telegrafen)，該公司曾為中國電訊通訊事業發展做出過重大貢獻。當時公司總部設在外灘，其舊址現為上海電訊通訊博物館。而在中國期間，他以北歐電報公司工程師身份駐留過上海、汕頭、天津和香港等地，他熱愛中國文化，精通漢語，學習中國藝術，並開始收藏中國藝術品。抗戰爆發後，布萊克帶着他的全部收藏回到丹麥，後來，又將自己的許多藏品捐獻給了丹麥國家博物館。

在這些捐給丹麥國家博物館的藏品中，有 20 張圓明園西洋樓的照片，這也是他的藏品中僅有的照片。關於這些照片，沒有詳細的文字記載，只知道拍攝時間大概是 20 世紀初，拍攝者可能是索弗斯‧布萊克本人，此時正值清末民初，時局混亂，西洋樓處於無人管理狀態。

卡爾‧懷廷‧畢士博

卡爾‧懷廷‧畢士博 (Carl Whiting Bishop，1881-1942)，美国人，出生於日本東京一個傳教士家庭。曾在美國學習人類學，於 1915 年起擔任賓夕法尼亞大學遠東藝術系博物館副管理員，並於 1915-1917 被派往中國從事考古研究。1918-1920 年，他作為美國海軍的隨員再次來華。隨後，他又在華盛頓弗利爾美術館和波士頓博物館精品藝術展的資助下於 1923-1927 年率領一支考古隊來華。他最後一次來華是在 1929-1934 年間，由弗利爾美術館資助，參與了河南安陽殷墟的考古挖掘工作。

畢士博於 1915 年 8 月 22 日拍攝了圓明園西洋樓殘跡照片，從現存於美國弗利爾美術館的畢士博照片來分析，他總共拍攝了 23 張西洋樓殘跡，其中以迷宮、大水法及遠瀛觀全景最為珍貴。

約翰·詹布魯恩

約翰·詹布魯恩（John Zumbrun，1875-1949），出生於美國，曾入伍服役，參加過 1898 年的美西戰爭。1910 年前後來到中國，在使館街經營 Camera Craft 照相公司（這家照相公司的名字就叫"照相公司"）。詹布魯恩在北京生活了將近 20 年，正逢中國晚清到民國的動盪時期。在此期間，他不但拍攝了諸如"壬子兵變"、"袁世凱閱兵"、"五四運動"、"孫中山葬禮"等珍貴的重大歷史事件照片，還拍攝了北京的大街小巷和風景名勝，其中自然也包括北京西郊的皇家園林及其遺址。詹布魯恩拍攝的西洋樓照片無論從時間來看，還是從遺址保存狀況分析，都和美國人甘博拍攝的照片很接近，他們很有可能是一起前去拍攝的。

作為商業攝影師，詹布魯恩拍攝的北京建築和人文照片被廣泛收錄到當時出版的各類介紹北京的書籍、畫冊及旅遊宣傳手冊中，甚至還有許多照片被製作成了明信片銷售。

1929 年 8 月，由於健康原因，詹布魯恩離開北京，帶着他在北京的所有影像記錄，乘坐"太洋丸"號返回美國。

西德尼·戴維·甘博

西德尼·戴維·甘博（Sidney David Gamble，1890-1968），出生於美國俄亥俄州辛辛那提市，畢業於普林斯頓大學，是一位社會經濟學家、人道主義者和攝影家。他出身豪門，祖父是美國寶潔公司創始人之一。1908 年他 18 歲時，第一次隨父母和弟弟途經檀香山、日本和朝鮮來到中國，這次旅行使他和中國結下了不解之緣，以至於他將畢生的研究事業都投入到了中國的城鎮和鄉村。

在讀完大學並獲得社會經濟學碩士學位之後，甘博先後於 1917-1919 年、1924-1927 年、1931-1932 年三次旅居中國，並通過問卷調查、實地訪問、拍攝照片及影片等方式開展深入的調查研究工作。甘博一生共出版了《北京的社會調查》（1921 年）、《北平市民的家庭生活》（1933 年）、《定縣—華北農村社會》（1954 年）等五本有關北京及中國其它地區社會面貌的著述，其中《北京的社會調查》已經被翻譯成中文出版。1968 年，甘博在紐約去世。直到 1984 年，他當年所拍攝珍貴的影像資料才被發現並得到廣泛關注。

現存的甘博照片中 7 張以圓明園為主題，其中 1 張為綺春園大門，另外 6 張均為西洋樓，這些照片大概拍攝於 1919 年前後。甘博拍攝的綺春園大門照片是目前發現的時間較早的一張，也是僅有的三張綺春園大門照片之一。

卡羅爾·布朗·麻倫

卡羅爾·布朗·麻倫（Carroll Brown Malone，1886 － 1973），美國學者，西儲大學畢業，密歇根大學和哈佛大學文科碩士。1911 年應聘來華，任北京清華學堂教習，講授西洋史和地理課程。1928 年清華學校更名為國立清華大學後，麻倫返回美國，任科羅拉多大學歷史學教授。

因清華離圓明園較近，麻倫經常到圓明園考察研究並拍攝了大量照片。這些照片最為珍貴之處是對圓明園中式園林遺址的考察拍攝和記錄，其中圓明園大宮門前崑崙石石碑、安佑宮遺址及遺址上的華表和石麒麟、文源閣玲峰石等照片都是十分珍貴的影像資料。在一次考察西洋樓的過程中，麻倫偶遇附近老百姓在私拆養雀籠，便用相機記錄了下來，這張照片遂成為當時老百姓破壞圓明園遺址的最好證據之一。

麻倫所拍攝照片均被收錄在他 1934 年出版的《清朝時期北京圓明園和頤和園的歷史沿革》（*History of the Peking Summer Palaces under the Ching Dynasty*）一書中，此書至今仍為研究圓明園的重要參考資料之一。

莫里斯·亞當

莫里斯·亞當（Marice Adam，1889－1932，自署漢名亞樂園），法國人，在中國海關工作時，曾去圓明園、長春園調查，在熟悉圓明園建築工程的金勳等人的幫助下，亞樂園搜集到大量有關西洋樓的文獻圖片，並且拍攝了大量西洋樓殘跡照片。由於準備充分，所以他拍攝的西洋樓很細緻全面，幾乎把當時西洋樓所有的建築殘跡都拍了照片，這些照片也就成為後人研究圓明園西洋樓變遷的重要的依據。

亞樂園去世後，其教友拉米梯耶·非特洛整理了他的回憶錄，編寫了《十八世紀耶穌會士所作圓明園工程考》一書，於 1936 年在北京出版，書中收錄了大量亞樂園拍攝的西洋樓殘跡照片。

奧斯瓦爾德·喜仁龍

奧斯瓦爾德·喜仁龍（Osvald Siren，1879-1966），瑞典學者，任職於瑞典斯德哥爾摩國家博物館和斯德哥爾摩大學，專攻意大利美術史。先後於 1921、1930、1934、1935、1954、1956 年六次來華進行深入的考察和研究，並出版了《中國的雕塑》（1925 年）、《中國北京皇城寫真全圖》（1926 年）、《中國繪畫史》（1929 － 1930 年）、《中國的花園》（1949 年）等一系列論著。

喜仁龍一生六次來華，最值得一提的是 1921-1922 年旅居北京期間，他結識了很多民國上層人物，考察工作得到了這些人的很大幫助，尤其是得到了當時民國總統的批准，成為少數幾個被允許進入西郊皇家園林拍照的外國攝影師。也正是此時，喜仁龍來到了圓明園，拍到了大量珍貴的歷史照片，如綺春園宮門、仙人承露台基座、三孔石橋、線法門及線法牆遺跡等，這些照片至今仍然保存在瑞典的博物館內。

漢茨・馮・佩克哈墨爾

漢茨・馮・佩克哈墨爾（Heinz Von Perckhammer，1895-1965），生於奧地利。佩克哈墨爾的父親曾經是一位攝影師，但他早年並不想子承父業，而是一心想到慕尼黑藝術學院學習藝術。但因為第一次世界大戰爆發，佩克哈墨爾被徵召入伍，成為奧匈帝國的一名海軍士兵，隨部隊不遠萬里來到中國，參加對日作戰。抵達中國後，佩克哈墨爾先後在膠東半島和天津服役，並開始對攝影產生興趣，拍攝了大量北京地區的風土人情、歷史景觀等。也正是這個時候，他對圓明園西洋樓遺址、香山靜宜園、玉泉山靜明園和頤和園進行了考察拍攝。

佩克哈墨爾於 1927 年前後回到了德國，並在 1928 年出版了自己的第一本畫冊 peking，書中收錄了大量圓明園西洋樓、香山靜宜園、玉泉山靜明園、頤和園等西郊皇家園林照片，立刻引起轟動。在隨後的兩年裏，他又先後出版了兩本反映中國的畫冊，並在柏林著名的褲襠大街開了一家照相藝術工作室。

在第二次大戰期間，佩克哈墨爾還曾經參與過德軍的戰地攝影工作。1942 年，他的照相藝術工作室在一次空襲中被盟軍飛機炸毀，他便回到了故鄉奧地利，並在家鄉又開設了一所照相館，直到 1965 年因心臟病突發去世。

赫達・莫里遜

赫達・莫里遜（Hedda Morrison，1908-1991），生於德國斯圖加特，父親姓哈莫（Hammer），是個出版商。她在 10 歲剛剛出頭的時候就開始接觸照相機，由此影響到她一生對攝影的執着，並成為傑出的女性攝影藝術家。

莫里遜會講英、法、德語，在她 24 歲那年，偶然看到中國北京有一家德國人開設的"哈同照相館"的招聘信息，要聘用一名會講英、法、德語的女攝影師。她去應聘，果然被錄用。就這樣，莫里遜隻身一人來到了神秘的中國，並在中國居住了 13 年（1933-1946）。1940 年，她與阿拉斯泰・莫里遜相識並結婚。阿拉斯泰在中國出生，他的父親就是赫赫有名的英國記者喬治・厄內斯特・莫里遜。1946 年，由於中國爆發內戰，莫里遜夫婦離開了中國，這一走就是 30 年，直到 1970 年代末才再又回到中國。

1991 年，赫達・莫里遜在澳大利亞逝世，根據其遺願，將她在華 13 年所拍攝的 10000 多張底片、6000 多幅照片，以及 29 本影集全部贈與哈佛大學的哈佛－燕京圖書館，其中就有大量西郊皇家園林的珍貴照片。

赫達・莫里遜拍攝的西郊皇家園林照片不但清晰度高，而且很具藝術性，是少有的把西郊皇家園林藝術和建築歷史完美結合在一起的西方攝影師。

後　記

　　2020 年是圓明園罹難 160 年。從 1860 年（咸豐十年）被毀到 2020 年這 160 年間，圓明園歷經了從萬園之園到遺址再到廢墟，從皇家園林到老百姓居住的村落再到首批國家考古遺址公園的巨大變遷。這其中的諸多歷史細節一直以來並不為人所熟知，也沒有太多的文字記錄。但幸運的是，在圓明園被英法聯軍焚毀後的一百年間，不斷有人來到遺址上旅遊探幽，他們中的一些人還攜帶了當時最先進的照相設備對遺址進行了拍照，留下了寶貴的影像資料。這些照片對研究圓明園的建築、植物以及流散文物的判定都有非常重要的參考價值。

　　目前已知最早到圓明園遺址上拍照的是德國人恩斯特・奧爾末（Ernst Ohlmer），他於 1873 年來到西洋樓遊覽，留下了 13 張珍貴的老照片。此時的西洋樓景區雖已遭到破壞，但主體建築依舊保存完好。僅僅過了三年，當英國人托馬斯・查爾德（thomas child）和法國人泰奧菲勒・皮瑞（A Théophile Piry）來到西洋樓拍照時，這裏已經發生了很多變化，如諧奇趣前後樓梯上的扶手、大水法上方的琉璃構件、遠瀛觀上的西洋花紋構件已經遺失。幾年後，法國人羅伯特・德・賽瑪耶伯爵（Comte Robert de Semallé，中文名謝滿祿）來到西洋樓拍照時，諧奇趣的三層主體結構已經無存。由此可知，諧奇趣建築在 1900 年以前就已經遭到破壞，這一情況從未見諸任何文字記載，從而直接改變了以往認為到 1900 年"庚子事變"西洋樓才遭到大規模破壞的觀點。

　　本書有兩組重要的照片屬於首次公佈，其一是謝滿祿在 1882 年前後拍攝的圓明園木構建築未毀前的照片。其中包括了圓明園順木天、北遠山村、魚躍鳶飛、舍衛城、濂溪樂處、匯芳書院（斷橋殘雪石橋）、鴻慈永祜、魁星樓；長春園宮門、海岳開襟、法慧寺多寶琉璃塔等建築群。這組照片對於圓明園研究具有極高的價值，它打破了以往圓明園之中式木構建築群僅停留在文獻記載或畫作中的傳統呈現方式，讓人們得以一睹皇家園林應有的氣派與典範。其二，本書還首次公佈了綺